# O ENCANTADOR DE PESSOAS

## A INCRÍVEL ARTE DA ORATÓRIA

ANDRÉ FERREIRA

# O ENCANTADOR DE PESSOAS

## A INCRÍVEL ARTE DA ORATÓRIA

2020

## DEDICATÓRIA

AO Grande Arquiteto Do Universo, Altíssimo Criador de todas as coisas que existem, existiram e existirão.

AO Supremo Árbitro dos mundos, O D'us dos deuses, O Fogo Sagrado que a tudo fecunda, àquele que enviou SEU Primogênito e Unigênito Cristo Jesus em sacrifício e expiação pelos pecados da humanidade.

AO Senhor dos Exércitos e Origem de toda Sabedoria, A Quem rogo que me faça instrumento de Sua vontade, e transforme este humilde trabalho em fonte de conhecimento.

Assim Seja.


## AGRADECIMENTO

À minha amada esposa Dra. Marta R. G. Ferreira, minha leal escudeira, por mais de duas décadas e até depois da morte.

## Considerações do Autor

O presente estudo apresenta conhecimentos inteligíveis e ferramentas técnicas de aplicação prática para o desenvolvimento da habilidade da oratória eficaz, e é a base do Curso "A Arte da Oratória – O Segredo dos Grandes Conferencistas", uma compilação do suprassumo das técnicas que estudei, desenvolvi, empreguei e emprego ainda hoje em minha jornada profissional.

Desde a mais tenra idade sempre admirei as pessoas que dominavam a arte da oratória, de apresentadores de programas de televisão, pregadores do evangelho, vendedores de enciclopédia, professores, os contadores de história da TV Cultura, o Batman, enfim, a retórica sempre me atraiu.

Posso me considerar um privilegiado por ter tido acesso a uma educação erudita, onde as artes sempre se fizeram presentes. Teatro, cinema, artes plásticas, e dentre tantas possibilidades que me foram apresentadas, me engendrei no mundo da música, onde atuei profissionalmente durante longos anos, em todas as esferas, quais são, palco, estúdio e sala de aula, e foi a vivência como profissional da música que fez com que eu elevasse minha capacidade de comunicação a outro nível.

Na noite aprendi a dominar o palco, onde atuei desde os bastidores como técnico de som e iluminação, até conquistar meu espaço como músico profissional na bateria, contrabaixo, violão, guitarra, e frente de palco como vocalista em diversos ambientes, de bares intimistas à grandes casas de espetáculo, "showmícios" e rodeios, bem como, diante de públicos de todos os tipos.

Como professor, tive a oportunidade de desenvolver ainda mais minha oratória. Ministrava cerca de 70 horas-aula semanais por cinco anos ininterruptos e simultaneamente organizava festivais de música, tanto para divulgar minha escola, quanto para desenvolver e ministrar técnicas de domínio de palco para os alunos.

Minhas apresentações me renderam a oportunidade de atuar no nobre ofício de locutor em breve período como profissional do Radialismo na saudosa Rádio Difusora de Monte Aprazível.

Me reinventei, e no serviço público estadual, passei a atuar paralelamente como professor na Escola de Governo da Administração Penitenciária do Estado de São Paulo por uma década, de 2008 a 2018, onde coloquei minha oratória à prova e em constante desenvolvimento, sempre em busca da excelência. E, nesse processo de reinvenção busquei outras formações além da música e me tornei um Especialista em Direito Público, Direito Penal, Direito Processual Penal, Bacharel em Direito, Tecnólogo em Gestão Pública, Professor Universitário, Palestrante, Mediador Judicial, e eis que minhas técnicas de oratória alcançaram níveis ainda mais altos.

Em minhas funções nas Operações Especiais, durante mais de uma década, também tive a oportunidade de testar as técnicas de persuasão em outros cenários, tanto na esfera individual quanto na esfera coletiva, em centenas de operações reais, onde obtive êxito em gerar convencimento mesmo diante de circunstâncias de alto grau de complexidade, envolvendo risco à integridade física e à vida, bem como, ministrando treinamentos de alto rendimento para públicos únicos, oriundos de instituições que prezam pelo tecnicismo, força, coragem, resistência, enfim, públicos que necessitam de alto grau de motivação e teor extremamente técnico e científico com comprovação empírica, e nesse sentido posso garantir, como verdadeira autoridade no assunto, que, a oratória é deveras a arte de encantar pessoas.

## APRESENTAÇÃO

Todas as pessoas, em algum momento da vida percebem a necessidade de convencer outrem através da retórica. Muitos, desde a mais tenra idade, desenvolvem poder de persuasão de maneira quase que natural, outros, passam a vida toda tentando se desenvolver nesse sentido e não apresentam grandes evoluções, alguns atingem resultados satisfatórios apenas para os fins do convívio social, ou para a manutenção das relações profissionais, mas, é fato, que, a oratória ainda é a mais eficaz das ferramentas de desenvolvimento social e está disponível a todos que dela queiram usar.

Insta salientar, que, em suas constantes transformações a sociedade e o mundo profissional muda seu foco de valoração. Há décadas, para galgar posições elevadas era requisito imprescindível o nível superior, o que mudou diante da facilitação do acesso às universidades, e, passou a ser fator comum.

Diante dessa lógica, as exigências passaram a ser as especializações, quais são, pós-graduações, MBA's, mestrados, doutorados, e assim por diante, entretanto, em determinado momento difícil de precisar, a sociedade e o mercado passaram a valorizar outras habilidades além das aprendidas nos bancos acadêmicos, habilidades que passaram a se tornar raras, dentre as quais se destaca a Oratória.

A própria Oratória é uma habilidade que abrange outras habilidades indissociáveis, e que se desenvolvem em conjunto, em um ciclo virtuoso através da prática constante. O presente trabalho tem o objetivo de apresentar as referidas habilidades, e respectivas ferramentas de treinamento, para os fins de desenvolver uma oratória fluente, eficiente e natural, de acordo com as características individuais de cada leitor através de um método inteligível e de fácil aplicação.

*"O Tempo é a Roda do Mundo.*
*O Portal se abre com a Visão do Terceiro Olho."*
M.∴. B.∴. Malaquias

# Sumário

## O Encantador de Pessoas – A Incrível Arte da Oratória

# A INCRÍVEL ARTE DA ORATÓRIA

"Sê senhor do argumento, e as palavras virão."

Catão, o Censor

## SÍNTESE HISTÓRICA

A Oratória é de fato uma arte, e assim era tratada na Antiguidade Clássica e até a Idade Medieval, onde fazia parte de um contexto educacional denominado Artes Liberais, organizado em sete eixos temáticos, quais são, Lógica, Gramática, Retórica, Aritmética, Música, Geometria e Astronomia. As primeiras três artes compunham o *"trivium"* e as demais perfaziam o *"quadrivium"*, separando as artes em duas esferas, humanas e exatas.

Insta salientar, que, essas artes eram permitidas aos homens livres, sendo que, aos servos e escravos, a única educação permitida era a das Artes Mecânicas, também conhecidas como educação "servil" ou "vulgar", ou seja, em termos gerais, as Artes Liberais eram voltadas ao desenvolvimento de uma classe de cidadãos dominantes, pensadores livres, líderes, gestores, governantes, comandantes, enquanto que, em justaposição, as Artes Mecânicas eram voltadas ao treinamento de operários, serviçais e escravos com o único objetivo de obedecer e reproduzir protocolos e ordens emanadas. Em que pese algumas das artes mecânicas possuírem um certo grau de complexidade, estas eram limitadas pelos seus respectivos e próprios protocolos frios e rígidos.

Na Antiguidade Clássica e na Idade Medieval, o domínio das Artes Liberais era requisito básico para o acesso à chamada Educação Superior das Universidades, que perfaziam, Medicina, Direito e Teologia. Especificamente no que tange ao cerne do presente trabalho, ou seja a Oratória, as artes da linguagem, o *"trivium"*, consistem em estudos práticos que ajustam a linguagem segundo uma norma, e, nos termos dos Princípios da Educação Superior, "a verdade é a norma ou a meta da lógica", "a correção é a norma da gramática", e, "a eficácia é a norma da retórica".

## A ORATÓRIA

Conforme abordado na síntese histórica, etimologicamente, *"trivium"* em termos gerais, significa: "o cruzamento e articulação de três ramos ou caminhos", quais são a Lógica, a Gramática, e a Retórica, ou seja, a Oratória é o resultado desse cruzamento, do pensamento segundo a verdade, das palavras faladas e escritas segundo a correção e da comunicação segundo a eficácia.

Nesse sentido, é correto afirmar que a Oratória é mais do que um mero conjunto de habilidades e técnicas, a oratória é um comportamento, e, um comportamento não se desenvolve de um dia para o outro, se faz necessário um processo, uma vez, que, tudo começa no plano do pensamento, e, quem pensa, fala e escreve, por conseguinte, quem fala e escreve, pratica, e, por fim, quem pratica, se habitua, e o hábito gera um novo comportamento.

É por esse motivo que o clássico *"trivium"* tinha como base a Lógica, ou seja, o estudo e desenvolvimento do pensamento lógico, e depois de dominar a Lógica, se estudava a Gramática, para aprender a falar e escrever de maneira escorreita, e por fim, se estudava a Retórica, ou seja, a comunicação eficiente, capaz de transmitir ao receptor da mensagem todo o teor pretendido através de uma linha de argumentação coerente com finalidade predefinida, e, a esse ciclo completo é que chamamos de Oratória.

A Oratória, é a Luz que resplandece nas Trevas.

A Bíblia diz em João 1:1-5

1. No princípio era o Verbo, e o Verbo estava com Deus, e o Verbo era Deus. 2. Ele estava no princípio com Deus.
3. Todas as coisas foram feitas por ele, e sem ele nada do que foi feito se fez. 4. Nele estava a vida, e a vida era a luz dos homens. 5. E a luz resplandece nas trevas, e as trevas não a compreenderam.

Se O Altíssimo Criador nos fez Sua imagem e semelhança, somos igualmente capazes de usar da mesma forma a Divina Arte de empregar o Verbo, ou seja, o Poder da Palavra, com o objetivo de transmitir conhecimento, criar convencimento, despertar sentimentos e gerar reações.

## DO RACIOCÍNIO LÓGICO APLICADO À ORATÓRIA

O primeiro passo para o desenvolvimento da oratória é desenvolver o raciocínio lógico, que, para os fins deste estudo pode ser abordado em três tipos, quais são, dedução, indução e abdução. A mera compreensão de como funciona cada um dos tipos provoca uma natural mudança de perspectiva.

## RACIOCÍNIO DE DEDUÇÃO

É a modalidade de Raciocínio Lógico mais comum no argumento matemático, que faz uso do processo de dedução para obter uma conclusão a respeito de determinada premissa. Em termos gerais, o raciocínio dedutivo se caracteriza por apresentar conclusões que, necessariamente, devem ser verdadeiras diante de premissas que também sejam verdadeiras, desde que, o raciocínio respeite uma forma lógica válida.

Em síntese, a dinâmica do método dedutivo funciona como segue:

Partindo de uma premissa maior, ou seja, um princípio reconhecido como verdadeiro, o orador deve estabelecer uma relação com uma premissa menor, uma segunda proposição, com a finalidade de chegar a uma conclusão lógica, que traduza a verdade da propositura.

Nessa lógica, o raciocínio dedutivo tem o condão de determinar a conclusão daquilo que se propõe, conforme os exemplos que seguem:

"Todo 'X' é 'Y'. 'Z' é 'X'. Logo, 'Z' é 'Y'."

"Quando corro, fico cansado. Hoje eu corri. Portanto, estou cansado."

"Todos os cães são carnívoros. Pluto é um cão. Logo, é carnívoro."

Por conseguinte, existe outro tipo de dedução, onde as premissas maiores são condicionantes e, não partem de premissas gerais. Dois são os modos, quais são, *"ponens"* e *"tollens"* conforme exemplos que seguem:

Modo *"ponens"* – "Se 'X', então 'Y'. 'X'. Portanto 'Y'."

"Se Tício é lutador. E os lutadores são perigosos. Logo, Tício é perigoso."

Modo *"tollens"* – "Se 'X', então 'Y'. 'Y' é falso. Portanto 'X' é falso."

"Se Caio puxar a tomada, a TV desliga. A TV está ligada. Logo, Caio não puxou a tomada".

Em resumo, os modos *"ponens"* e *"tollens"* tratam da afirmação do consequente e da negação do antecedente respectivamente.

Insta salientar que o presente trabalho não tem a pretensão de se aprofundar no estudo da Lógica, os modos apresentados têm o objetivo de direcionar o pensamento do leitor no sentido necessário à compreensão plena do tema central, a Oratória. Dadas as considerações, seguimos às anotações sobre o Raciocínio Lógico.

## RACIOCÍNIO DE INDUÇÃO

O Raciocínio Indutivo é pautado em um número considerável de experiências capazes de confirmar uma determinada conclusão, revestindo essa conclusão de veracidade. Esse tipo de raciocínio lógico é utilizado na argumentação científica, e tem princípio na observação, haja vista, que, o conhecimento científico é obtido a partir de proposições de observação por indução.

As experiências e observações devem ser realizadas em número suficiente capazes de transportar a conclusão da esfera particular para a esfera geral, dessa forma, o raciocínio indutivo tem o viés de buscar uma lei ou regra geral a partir da observação de premissas particulares conforme exemplo que segue:

“A espada é letal. A espada é uma lâmina;

O canivete é letal. O canivete é uma lâmina;

A navalha é letal. A navalha é uma lâmina;

A faca é letal. A faca é uma lâmina;

Logo, todas as lâminas são letais.”

Importante salientar, que, o orador deve tomar muito cuidado ao escolher lançar mãos deste tipo de raciocínio lógico na construção de sua argumentação, mesmo diante de um tema de viés científico, haja vista, que, o raciocínio indutivo não pode ser encarado como uma verdade lógica pura, ou seja, como um método capaz de traduzir a verdade absoluta. O orador incauto pode cair na armadilha traduzida na célebre frase de Nelson Rodrigues que se perfaz em ditado popular que reza: "Toda generalização é burra.".

A frase em tela traduz o fenômeno denominado "problema de indução", que em suma, é um argumento não dedutivo com conclusão mais geral do que as premissas particulares, que, pode gerar uma afirmação aparentemente verdadeira, revestida de grande probabilidade de falsidade.

Um exemplo real é a Lei de Wiedemann-Franz, que afirma que, os metais condutores de eletricidade são também, condutores de calor, proporcionalmente. Essa conclusão surgiu da aplicação do princípio da indução conforme o exemplo que segue:

"O ferro conduz eletricidade. O ferro conduz calor;

O cobre conduz eletricidade. O cobre conduz calor;

O ouro conduz eletricidade. O ouro conduz calor;

Todos são metais, e conduzem eletricidade. Logo, todo metal que conduz eletricidade, conduz calor."

Acontece que, a Lei de Wiedemann-Franz não se aplica ao Dióxido de Vanádio Metálico, uma vez, que, a Divisão de Ciências dos Materiais do *"Berkeley Lab"*, em janeiro de 2017, descobriu que a condutividade térmica que poderia ser atribuída aos elétrons no referido material era 10 vezes menor do que a quantidade prevista pela Lei de Wiedemann-Franz.

Evidente que este último exemplo é de certa forma insólito, entretanto, serve para demonstrar que, não existe um princípio puramente lógico de indução, e, dessa forma, cabe ao orador, durante a construção de sua argumentação, lançar mãos além dos métodos de raciocínio lógico, também do bom senso, não só para evitar a armadilha de entregar uma informação revestida de verdade absoluta e que pode ser contestada, mas, também, para proteger sua credibilidade, diante de dois desdobramentos possíveis, conforme exemplo que segue:

No caso de uma pessoa da assistência dominar o conhecimento transmitido, esta pode tomar a palavra para combater o argumento e apresentar hipóteses plausíveis capazes de desconstruir seu raciocínio, o que por um lado, não é de todo o mal, pois, abre a possibilidade de retratação, ou, de consentimento seguido de uma afirmação positiva de que se trata de uma corrente doutrinária diferente, enfim, neste primeiro desdobramento, existe a possibilidade de manutenir sua credibilidade e salvar sua reputação.

No segundo desdobramento possível, a pior das hipóteses, a pessoa na assistência não toma a palavra, todavia, dissemina entre os demais membros do público que você está errado, e apresenta os respectivos argumentos probatórios, nesse caso, o orador e sua apresentação correm o grande risco de caírem em descrédito.

## RACIOCÍNIO DE ABDUÇÃO

Também conhecido como Lógica Filosófica, trata-se de uma operação intelectual com a finalidade de afirmar a verdade de uma proposição em decorrência de sua conexão com outras proposições já reconhecidas como verdadeiras, ou seja, da inferência a favor da melhor explicação através da análise de determinados dados para chegar a uma conclusão ampla conforme o exemplo que segue:

"Quando treina, Mévio fica mais forte. Mévio está mais forte, então, pode ter treinado."

"Quando chove, exala o cheiro da terra molhada. Sinto o cheiro de terra molhada, portanto, deve ter chovido."

Os exemplos são capazes de demonstrar que, o segredo deste método está em identificar o nexo de causalidade entre uma proposição já sedimentada como verdadeira para explicar outra preposição em relação de nexo causal.

## FERRAMENTAS DE PERSUASÃO RETÓRICA

"O objetivo da oratória considerada isoladamente, não é a verdade, mas a persuasão."

Thomas Macaulay

## DA FALÁCIA E DA ARGUMENTAÇÃO

Uma perigosa armadilha que deve ser evitada pelo orador, aliás, combatida, é a falácia, que em termos gerais é um argumento baseado em um raciocínio errado revestido de aparente veracidade, ou seja, é um argumento logicamente incoerente, com o viés de provar a veracidade de uma alegação sem base lógica, ou fundamentação devida.

Todavia, a falácia foi um recurso utilizado por Aristóteles, na Escolástica, pela Demagogia e pode ser empregada como figura de linguagem em discursos e temas argumentativos, nesse sentido, o conhecimento amplo sobre a construção e o emprego dos argumentos falaciosos proporcionam ao orador uma gama imensurável de ferramentas que podem ser empregadas tanto para fins de defender determinadas narrativas, quanto para os fins de combater determinados argumentos que escondem ou deturpam premissas através do ataque direto. Falácia é um raciocínio que parece lógico e verdadeiro, porém existe alguma falha que o faz ser falso.

Muitas vezes, a falácia surge da repetição de determinado argumento errado, que, em razão da referida repetição no plano prático, passa a parecer verdadeiro. Essa possibilidade fica ainda mais fácil de ocorrer nos casos em que o argumento errado aparentemente verdadeiro, sai da boca de uma pseudoautoridade no assunto.

Insta salientar, que, em que pese determinados argumentos parecerem convincentes, não deixam de ser falsos, e podem vir a serem contestados com propriedade por pessoas detentoras de conhecimento para tal feito, fato que pode descontruir a credibilidade de toda uma argumentação, mesmo sendo a falácia, apenas uma pequena fração do contexto geral.

Evidente que a identificação de uma falácia não deveria invalidar toda uma argumentação, todavia, um argumento invalidado, inevitavelmente provoca suspeita em todos os demais argumentos.

Nessa lógica, cabe ao orador, verificar com muito cuidado a origem das informações que transmite, bem como, a qualidade das respectivas fontes, e, por conseguinte, realizar suas próprias operações intelectuais sobre as informações a serem transmitidas, de forma a construir uma argumentação inquebrantável, mesmo ao defender correntes doutrinárias minoritárias.

A importância de conhecer o que é a falácia e seus desdobramentos, está no fato de evitar transmitir informações erradas revestidas de aparente verdade, e mais importante, está em identificar o argumento falacioso no discurso alheio através de rápida análise, e, dessa forma, não se deixar ser enganado. E nesse sentido, a falácia se desdobra em duas vertentes, o paralogismo e o sofisma.

O paralogismo acontece quando a falácia é cometida involuntariamente, por repetição de informação errada, ou, em razão de raciocínio errado. Diametralmente oposto, está o sofisma, que é revestido de dolo, ou seja, é a falácia com a intenção de enganar, é o engodo argumentativo, que pode ser cometido com finalidade ilícita, ou, simplesmente, por mero capricho do orador, com o objetivo de afirmar sua pseudoautoridade no assunto.

As falácias podem ser divididas em categorias, quais são, falácias de ambiguidade, de apelo aos motivos, de erros de categorias e regras gerais, causais, *"non-sequitur"*, de explicação, de definição, de dispersão, *"argumentum ad personam"*, indutivas, entre outras, e nessa lógica, podem se fazer presentes em todos os desdobramentos da comunicação.

Existem inúmeras possibilidades de desdobramentos quanto a construção de argumentos falaciosos, e o estudo em tela, não tem a pretensão de se aprofundar em sentido estrito nessa ciência. O objetivo da presente abordagem é apresentar a falácia em todas as suas facetas de forma a proporcionar o maior número de ferramentas possíveis para ser aplicadas na oratória, tanto no sentido de evitar a construção deste tipo de argumentação, quanto no sentido de empregar alguma das modalidades aqui estudadas para os fins pretendidos. Dadas as considerações, segue apresentação sintetizada das modalidades de falácia:

## DAS FALÁCIAS DE AMBIGUIDADE

### Falácia de Anfibologia

Acontece quando as premissas usadas no argumento são ambíguas derivadas de elaboração sintática equivocada conforme exemplos a seguir:

"Venceu o Minotouro o Anderson Silva."

"Levou o filho ao show em seu carro."

Esse tipo de falácia provoca dúvidas no receptor da mensagem, pois, dependendo do contexto, cada frase se reveste de sentidos diversos.

### Falácia de Ênfase

Ocorre no ato de enfatizar uma palavra para sugerir o entendimento oposto ou ideia contrária conforme o exemplo:

“Hoje, o professor estava sóbrio.”

Ao pronunciar a palavra "hoje" com ênfase, é verbalizada com tom de ironia, e, dessa forma, o emissor da mensagem provoca a sugestão, ou o entendimento de que, estar sóbrio para o professor, é uma exceção, e a regra é que ele está constantemente embriagado.

**Falácia de Equívoco**

É o emprego de uma afirmação com significado diverso do que adequado ao contexto real, como no exemplo que segue:

“Os estupradores são desumanos. Portanto, os humanos não estupram.”

O equívoco é provocado pelo jogo com os significados das palavras. No exemplo em tela, a palavra "humanos" possui vários sentidos, ou seja, no sentido biológico pode ser um tipo de primata, ou, no sentido moral pode ser uma boa pessoa, mas na falácia a palavra é empregada sem considerar a diferença de sentido.

## DAS FALÁCIAS DE APELO AOS MOTIVOS

**Falácia de Apelo à Antiguidade** - *Argumentum ad antiquitatem*

É uma falácia muito comum que, se trata de afirmar que algo é verdadeiro ou bom em razão de ser antigo ou por ser praticado da mesma forma há muito tempo. Em termos gerais, é uma mentira contada muitas vezes que se revestiu de aparente veracidade, de acordo com os exemplos:

"Se meus avós e meus pais educavam dessa maneira, certamente que é assim que se educa um filho."

"O Setor de Recursos Humanos indeferiu seu pedido porque sempre foi assim. Não adianta vir aqui falar de leis, o procedimento sempre foi esse, e pronto."

"Os homens da caverna já faziam assim, portanto, esta é a maneira correta de se fazer."

**Falácia de Apelo à Consequência** - *Argumentum ad consequentiam*

Trata-se do ato de considerar uma premissa falsa como verdadeira de acordo com o desejo ou vontade de determinada consequência, ou seja, de acordo com a conveniência do emissor, conforme exemplo que segue:

"Eu ficaria decepcionado se descobrisse que o Coelho da Páscoa não existe. Por isso eu acredito em Coelho da Páscoa."

**Falácia de Apelo à Emoção**

Trata-se da estratégia de validação do argumento ou premissa com base na emoção, comumente empregado por Advogados diante de um Júri Popular, que, por desconhecer as Ciências Jurídicas, são passivos de serem sugestionados por esse tipo de argumento falacioso, de acordo com o exemplo que segue:

"Apelo ao júri para que considere que o réu é um homem sofrido, traumatizado, vítima de uma sociedade inescrupulosa e cruel, e, que agora é obrigado a passar pelo sofrimento de ser julgado em um Tribunal frio, que desconhece as verdadeiras razões que o trouxeram até aqui."

**Falácia de Apelo à Força** - *Argumentum ad baculum*

Ocorre como uma espécie de coação moral irresistível, ou seja, diante da imposição de posição hierárquica ou de poder perante o receptor da mensagem conforme exemplo que segue:

"Quem manda aqui sou eu, ou você acredita ou acredita, e ponto final!"

**Falácia de Apelo à Ignorância** - *Argumentum ad ignorantiam*

Ocorre na tentativa de provar a validade de premissa ou argumento pautado na ignorância do nada saber conforme exemplos:

"Se ninguém conseguiu provar que Deus existe, então Ele não existe."

"Só porque não se sabe se algo é verdadeiro, não quer dizer que seja falso."

“Só porque não se sabe se algo é falso, não quer dizer que seja verdadeiro.”

**Falácia de Apelo ao Medo** - *Argumentum ad metum*

Trata-se de uma variação do apelo à consequência, ou seja, o medo serve para validar uma premissa irreal de acordo com o exemplo a seguir:

“Morro de medo de Vampiros. Por isso creio que eles existem.”

**Falácia de Apelo à Misericórdia** - *Argumentum ad misericordiam*

Ocorre quando o emissor lança mãos de recursos de persuasão voltados a provocar no receptor, sentimentos de piedade, compaixão, solidariedade, ou, caridade, e, por esse motivo, esta falácia é também conhecida por apelo à piedade. Entretanto, nenhum dos sentimentos descritos são de fato relacionados à conclusão da argumentação, conforme exemplo:

“Entregue seus bens pelos pobres e necessitados.”

A doação para os pobres e necessitados é plausível para os fins do argumento, mas não explica a quem é feita a entrega dos bens, tampouco como estes serão destinados à benemerência.

Outras modalidades derivadas do Apelo à Misericórdia são o Apelo às Crianças - *Argumentum ad infantium*, e, o Apelo às Minorias – *Argumentum ad sinistram.*

Em ambas as modalidades derivadas, é comum o argumento voltado à persuasão baseada no despertar de emoções e sentimentos de misericórdia, todavia, nas modalidades derivadas, existe um aspecto em sentido estrito, onde o argumento é baseado em evidências e não em razões, conforme exemplos a seguir:

"Entregue seus bens em favor das crianças necessitadas."

"Entregue seus bens em favor das classes menos favorecidas."

**Falácia de Apelo à Novidade** - *Argumentum ad novitatem*

É uma modalidade de falácia que se pauta em afirmar que o que é novo é sempre melhor, sem apresentar justificativa plausível, dois exemplos para demonstrar a modalidade:

"Galdino Siqueira já foi um grande doutrinador do Direito Penal, mas, é antiquado e o melhor agora é Rogério Greco, por ser mais atual."

"Sócrates já está ultrapassado na Filosofia. É melhor Sartre, pois é mais recente."

**Falácia de Apelo à Popularidade** - *Argumentum ad populum*

Trata-se da tentativa de ganhar a causa ou afirmar a veracidade de determinada premissa ou argumento por apelar a uma grande quantidade de pessoas, também conhecida como Apelo ao Povo, ou, Apelo à Emoção Coletiva de acordo com os exemplo:

"Em todo o mundo as pessoas bebem Coca-Cola, portanto, beber Coca-Cola faz bem, e deve se tornar uma prática."

“A maioria das pessoas acreditam em Deus, portanto Deus existe.”

“Se os ateus são a minoria, certamente que estão errados!”

**Falácia de Apelo ao Preconceito**

É o ato de lançar mãos de uma estratégia de comunicação pautada na associação de valores morais, éticos, políticos, sociais ou culturais a uma determinada pessoa com a finalidade de convencer o adversário em um debate, ou, desmerecer suas opiniões com fins de desqualificar ou descredenciar, conforme exemplos:

“Um Cientista como você é cético por natureza, e, dessa forma, nem vou discutir religião com uma pessoa incapaz de compreender ou aceitar a espiritualidade.”

“Uma pessoa religiosa e extremista como você, não é capaz de argumentar cientificamente comigo.”

Nos exemplos, as pessoas foram estigmatizadas para serem descredenciadas, ou consideradas incapacitadas para discorrer sobre determinado tema, ou seja, o emissor transmite a ideia de que o receptor é inferior no que tange o objetivo da argumentação.

**Falácia de Apelo ao Ridículo** - *Argumentum ad ridiculum*

É o ato de ridicularizar um argumento com a finalidade de desconstruir a credibilidade e derrubá-lo. A ideia é provocar a desistência de uma determinada convicção por revesti-la de aparente ridicularização, conforme segue:

"Dizer que Charles Darwin estava certo é o mesmo que admitir que meu tataravô era um chimpanzé."

**Falácia de Apelo à Vaidade** – *Argumentum ad superbiam*

Prática muito comum nas dinâmicas de comunicação onde o emissor provoca ou desperta a vaidade do receptor para vencê-lo através de um convencimento sugestionado.

É a prática diametralmente oposta do Apelo ao Preconceito, conforme exemplos a seguir:

"Não acredito que um homem culto e erudito como você possa acreditar em uma teoria tão vulgar!"

"Certamente que um cientista de alto nível como você há de concordar comigo."

## DAS FALÁCIAS DE DISPERSÃO

### Falácia de Derrapagem

É o ato de elaborar um argumento com uma sucessão de premissas e conclusões absurdas. Esta modalidade de falácia é comum em discursos improvisados quando o emissor não encontra fundamentação para seguir a narrativa e acaba por tentar seguir de maneira desastrosa como no exemplo que segue:

"Se a energia do vento, que é a energia eólica, é a energia mais disponível no mundo, então nós precisamos desenvolver uma tecnologia para estocar o vento."

### Falácia de Dicotomia Falsa

É o ato de construir um argumento com o objetivo de direcionar a atenção da assistência para apenas as possibilidades apresentadas, omitindo assim, as demais possibilidades conforme segue:

"Se 'A' não é 'X', é 'Y'. 'A' não é 'X'. Logo, é 'Y'."4

"Se o político não é honesto, ele é corrupto. O político não é honesto, logo, ele é corrupto."

Em narrativas mal intencionadas, quando o emissor pretende rotular determinado personagem, mas, não tem subsídios para fundamentar o rótulo, lança mãos de uma informação contrária, excluindo outras que fazem parte indissociável do contexto.

**Falácia de Inversão do Ônus da Prova**

É o ato de transferir a responsabilidade de comprovar o argumento ao receptor da mensagem. Dessa forma, o emissor da mensagem se exime de provar a premissa e o argumento acaba por ser aceito pelo receptor conforme exemplo:

"Deus existe porque ninguém conseguiu provar que não existe."

Ora, o ônus da prova é de quem afirma, entretanto, nessa modalidade de falácia aquele que afirma pauta a veracidade da premissa na falta de provas contrárias.

**Falácia do Meio Termo** – *Argumentum ad temperantiam*

É o ato de construir um argumento com o intuito de evitar discórdia, e, agradar a todos, recorrendo a um meio termo sem de fato pautar as premissas em qualquer razão conforme exemplo que segue:

“Uns dizem que estamos a cerca de 10 quilômetros do ponto de encontro, outros dizem que faltam 30 quilômetros, como estamos sem GPS, vamos aceitar que faltam 20 quilômetros então.”

**Falácia de Pressuposição ou Pergunta Complexa**

Trata-se de uma espécie de insinuação por meio de pergunta, com a finalidade de descredibilizar o receptor diante da assistência conforme exemplos a seguir:

“Por que você furta doces no mercado?”

“Por que você bate na sua esposa?”

“Por que você delatou seus comparsas?”

Esse tipo de falácia, mesmo quando pautada em premissas falsas, só por serem emitidas ao receptor diante de uma audiência, transmitem a mensagem de que o receptor de fato praticou os atos contidos na referida premissa falsa.

**Falácia de Prova por Verbosidade** – *Argumentum verbosium*

É uma modalidade muito presente nos discursos políticos, podendo ser facilmente identificada em transmissões de sessões no Congresso Nacional. É o ato de lançar mãos de um discurso prolixo, muito carregado de formalidades e linguajar rebuscado, com o objetivo de saturar e transmitir credibilidade tanto do emissor quanto da mensagem diante de teor aparentemente rico, que, em contrapartida, é de difícil assimilação e refutação. Nesse sentido, acaba por ser aceito como verdadeiro.

**Falácias de Redução ao Absurdo** – *Reductio ad absurdum*

Trata-se de invalidar um determinada hipótese através de uma conclusão absurda resultado de um raciocínio desenvolvido sobre premissas falsas.

“Todos devem respeitar todas as crenças porque são igualmente válidas, e, portanto, não podem ser negadas.”

Ora, esse argumento por si só vai de encontro com ele mesmo, diante do fato de que existem pessoas que acreditam que nem todas as crenças são válidas, e, nesse sentido, podem também ser negadas. Dessa forma, diante das premissas apresentadas, a crença de que nem todas as crenças são válidas deve ser respeitada também, e mais, não pode ser negadas.

**Falácia da Repetição Nauseante** – *Argumentum ad nauseam*

É o ato de pautar a conclusão de um argumento em uma repetição constante, nos termos do ditado popular, que diz que "uma mentira dita muitas vezes se reveste de aparente veracidade", com o objetivo de gerar convencimento através da exaustão argumentativa provocada por esta premissa repetitiva conforme segue:

"Seu amigo da onça disse tantas vezes que você é mentiroso, que eu sinceramente acredito, então, você é."

**Falácia de Generalização Genética**

Trata-se de argumentar aprovação ou desaprovação pautado na origem do receptor da mensagem, validando a premissa com uma causa remota conforme segue:

"Tício tem um comportamento rebelde porque seu pai também é rebelde."

"Caio é violento porque seus antepassados eram violentos."

**Falácia de Generalização Inadequada** – *Dicto simpliciter*

É o ato de construir uma narrativa cuja confirmação da premissa é realizada com uma constatação genérica, oriunda de uma amostra muito pequena conforme exemplo:

"Meu sócio desviou dinheiro da empresa. Logo, todos os sócios são corruptos."

**Falácia de Generalização Precipitada**

É um desdobramento da modalidade anterior, onde uma amostra muito pequena ou limitada, ou ainda, uma classificação imperfeita, conduzem a argumentação no sentido de uma conclusão tendenciosa.

**Falácia de Apelo ao Pobre** – *Argumentum ad pauper*

É a modalidade de falácia que usa a pobreza como justificativa plausível das premissas, ou seja, se a pessoa que emite a mensagem é pobre, então é automaticamente uma pessoa mais virtuosa e verdadeira, e, da mesma forma, são seus argumentos conforme o exemplo que segue:

"Semprônio é pobre e muito sofrido. Se ele afirma que isso é um engodo, certamente está certo. Um homem que viveu uma vida paupérrima e enfrentou tantas desgraças, nunca erra."

**Falácia de Apelo ao Rico** – *Argumentum ad crumenam*

É a modalidade de falácia que usa a riqueza como justificativa plausível das premissas, ou seja, se a pessoa que emite a mensagem é rica, ou, bem sucedida, sua mensagem é automaticamente revestida de veracidade.

"As coisas que esse '*coach*' diz são revestidas da mais pura verdade. Um homem rico e bem sucedido como ele é, só traz verdade. Se ele disser que é bom, é porque é bom e pronto."

Este tipo de argumento é amplamente utilizado em discursos de motivação pautados na busca pela prosperidade, e serve para autenticar a narrativa do orador, que usa seus próprios resultados, para revestir seu discurso de veracidade.

**Falácia de Apelo ao Lucro** – *Argumentum ad lucrum*

É a modalidade de falácia onde o emissor da mensagem define se uma conclusão é falsa ou verdadeira diante da relação financeira implícita na premissa conforme exemplo que segue:

"Se a indústria farmacêutica ganha trilhões de dólares vendendo tratamentos para o câncer. Certamente que existe uma cura, mas que nuca vai ser apresentada ao mundo!"

**Falácia de Apelo à Autoridade** – *Argumentum ad verecundiam*

É a modalidade de falácia que consiste em impor a verdade de uma premissa diante do crivo de um especialista, e assim, anular qualquer forma de contestação, ou seja, é o ato de afirmar a veracidade do argumento pautado em uma determinada autoridade sobre o assunto que pode ser a própria do orador ou de outrem conforme exemplos a seguir:

“Sou Psicólogo, se eu disse que sua personalidade é problemática, quem é você para contestar?”

“Se Copérnico disse que a Terra é redonda, é porque é e pronto. Quem falar de terraplanismo aqui eu se entenda com Copérnico.”

**Falácia de Apelo à Autoridade Anônima**

É na verdade um desdobramento da modalidade anterior, e consiste em fazer afirmações baseadas em supostas avaliações de autoridades cujas identidades não são citadas conforme segue:

“Os cientistas dizem que o pico de contaminação da doença acontecerá no mês que vem.”

“Pesquisadores descobriram que sem o uso de filtro solar a pessoa vive até dez anos a menos do que deveriam.”

**Falácia de Argumento do Contraditório** – *Argumentum ad contradictorium*

É o ato de construir uma argumentação para combater outro argumento, usando o estratagema de sugerir que a outra parte verifique outras fontes antes de afirmar determinada premissa, todavia, sem de fato indicar quais fontes seriam essas, conforme segue:

"Até entendo sua opinião a respeito desse assunto, e não vou debater com você nesse momento, na verdade, sugiro que consulte outras fontes e depois conversamos."

**Falácia do Argumento de Pedra** – *Argumentum ad lapidem*

É o ato de combater um determinado argumento sem apresentar evidências, simplesmente por afirmar que se trata de uma narrativa absurda conforme exemplo:

"Eu sou um político sério sendo injustamente acusado de desviar dinheiro dos cofres públicos. Essa acusação é um absurdo, sem cabimento!"

**Falácia de Ataque Pessoal** – *Argumentum ad Hominem*

Consiste em atacar a pessoa que emitiu o mensagem ao invés de apresentar argumentos que comprovem a falsidade do enunciado, conforme segue:

"Se um político falou isso, com certeza é mentira."

## Falácia de Bulverismo

É a modalidade onde o argumento é protegido por uma espécie de blindagem sofismática, onde o emissor da mensagem parte do pressuposto de que o receptor está comprovadamente errado por antecedência conforme segue:

"Se você não acredita em reencarnação nem vou discutir com você. Os espírito vive várias vidas e ponto final!"

"Se seu argumento não tem base científica, nem vou perder tempo. A ciência está acima de qualquer argumento."

"Você é muito egocêntrico para considerar meu argumento. Nem vou discutir com você. Estou certo e pronto."

## Falácia do Espantalho

É a modalidade de falácia onde o emissor da mensagem reveste a figura da outra parte, cujo argumento será combatido, como se fora um personagem assustador, daí a analogia do espantalho. É uma modalidade facilmente identificada em discursos de viés político-ideológico de acordo com o exemplo que segue:

“Essa lei que foi proposta por esse presidente fascista, racista e homofóbico não pode ser aprovada!”

**Falácia de Estilo**

É a modalidade de falácia onde a argumentação se sustenta simplesmente em razão do garbo, beleza ou estilo do emissor da mensagem, muito análoga à Falácia de Apelo ao Rico, conforme exemplo:

“Esse apresentador ‘Bebeto Gustus’ é mesmo fino e elegante. Sua oratória é escorreita e associada a sua compleição alta e esguia, e olhos azuis, não tem como duvidar de um cavalheiro com essas características.”

**Falácia de Exclusão de Grupo**

É a modalidade de falácia onde o emissor da mensagem lança mãos de um determinado “grupo” para validar uma preposição, e, na hipótese de ser refutado, afirma novamente que os verdadeiros, ou reais representantes de raiz ou conservadores do referido “grupo” validam a preposição contestada conforme exemplo:

‘A’ – “Nenhum policial usa coque samurai.”

‘B’ – “Sou policial e uso coque samurai!”

‘A’ – “Eu quis dizer que nenhum policial ‘Raiz’ usa isso, você é policial Nutella!”

**Falácia de Exigência de Perfeição**

É o ato de tentar descontruir a credibilidade de uma determinada pessoa através de um ataque pessoal, baseado em um argumento malicioso capaz de colocar dúvidas a respeito das capacidades da pessoa alvo. É um sofisma comum no meio profissional ou acadêmico conforme exemplo que segue:

“Esse Advogado se formou a pouco tempo, acabou de passar no exame da OAB, não acredito que tenha capacidade de enfrentar um Tribunal do Júri.”

**Falácia de Falsa Proclamação de Vitória**

Há doutrinadores que discordem, entretanto, é a mesma modalidade conhecida como a Falácia do Pombo

Enxadrista, onde o emissor da mensagem declara ou deixa subentendido que venceu o debate, sem de fato apresentar argumentos plausíveis.

É nesse sentido que se encaixa a analogia do Pombo Enxadrista, pois, de fato, o pombo não sabe jogar xadrez, mas, sobe no tabuleiro e marcha de peito estufado derrubando todas as peças, apresentando uma postura de vencedor, e alheio a qualquer admoestação do adversário a respeito das regras, deixa isso ainda mais claro ao defecar sobre o tabuleiro antes de bater asas e voar.

**Falácia de Inversão dos Fatos**

É o ato de combater um determinado argumento acusando ou rotulando a outra parte com o mesmo rótulo que lhe foi atribuído conforme segue:

“Você diz que eu sou agressivo, quando na verdade é você que é agressivo!”

## DAS FALÁCIAS DE ERROS DE CATEGORIA E DE REGRAS GERAIS

### Falácia de Acidente

É o ato de defender o argumento de aplicar uma regra geral a todos os casos, e ignorar as exceções.

"É preciso usar o grada-chuva para evitar molhar a roupa, nessa lógica, vou usar meu guarda-chuva nesse lindo dia de Sol."

### Falácia de Inversão do Acidente

Também conhecida também como Falácia da Generalização Precipitada, é o ato de argumentar a favor de uma exceção como se fosse uma regra geral nos termos a seguir:

"Se os doentes terminais podem usar maconha, todas as outras pessoas também podem."

### Falácia de Composição

É o ato de admitir a conclusão ou afirmar a verdade de que a característica presente nas partes se apresenta no todo. Insta salientar que a referida característica deve ter sentido vago, de forma a não demonstrar a invalidade do argumento conforme exemplo:

“As peças que o compõem são leves, portanto, o trator é leve.”

O colégio onde você estuda é de ricos, portanto, você deve ser rico.”

**Falácia de Divisão**

É o ato de admitir a conclusão ou afirmar a verdade de que a característica ou propriedade presente no todo se apresenta de igual forma nas partes, ou seja, é o oposto da falácia de composição conforme segue:

O trator deve ser leve, porque as peças que o compõem são leves.”

“Com certeza você é rico, pois, estuda em colégio de ricos.”

## FALÁCIAS CAUSAIS

### Falácia de Paradigma

**Paradigma 1 - Com isso. Logo, por Causa disso.** – *Cum hoc ergo propter hoc*

É o ato de afirmar que dois eventos estão diretamente relacionados, apenas porque ocorreram simultaneamente conforme exemplo que segue:

"O desmatamento na Amazônia cresce na mesma proporção e ao mesmo tempo em que a população de baleias diminui em razão da caça realizada pelos japoneses. A conclusão é que o desmatamento na Amazônia é culpa dos baleeiros japoneses."

**Paradigma 2 - Depois disso. Logo, por Causa disso.** – *Post hoc ergo propter hoc*

É o ato de afirmar que dois eventos apresentam relação de causa e efeito, ou seja, nexo de causalidade, em razão de terem ocorrido um logo após o outro, todavia, esta correlação não implica causalidade conforme exemplos a seguir:

"O Sol nasceu porque o galo cantou."

"A semente brotou porque a bicicleta caiu na horta."

"A chuva caiu porque a lua apareceu no céu."

**Falácia de Inversão de Causa e Efeito**

É o ato de argumentar que um determinado efeito que na verdade é a causa, com o objetivo de mudar o foco da responsabilização através da narrativa inversa conforme exemplo:

"A campanha de vacinação culminou em um surto de Febre Amarela."

Ora, no exemplo acima fica claro que na verdade, foi exatamente o contrário, ou seja, foi o surto da doença que deu causa a campanha de vacinação.

**Falácia de Causa Diminuta**

É o ato de destacar um evento de menor importância como causa de um fenômeno maior, com o objetivo de criar uma narrativa protecionista para com as verdadeiras causas, conforme exemplo:

“O Cloro Flúor Carboneto presente nos desodorantes é responsável pela destruição da camada de ozônio.”

Ora, em que pese a contribuição para a deterioração em tese da referida proteção do planeta, apontar os desodorantes como a causa é uma narrativa irresponsável, com o objetivo de proteger outras causas de maior impacto ambiental, quais são, a poluição provocada por automóveis, indústria e queimadas.

**Falácia de Causa Complexa**

Muito próxima da modalidade anterior, se trata de supervalorizar uma causa em detrimento de um conjunto de causas conforme exemplo:

“O rapaz foi atropelado ao atravessar a rua poque estava de bicicleta.”

Ora, em que pese o fato do rapaz ter sido atropelado sobre sua bicicleta, outros fatores dão causa ao incidente, quais são, o condutor do veículo em velocidade maior que a permitida na via, o rapaz ter atravessado fora da faixa, o semáforo de pedestres estar vermelho, a distração de ambos, tanto do rapaz, quanto do motorista, ou seja, trata-se de um conjunto de causas omitido na narrativa.

**Falácia de Terceira Causa**

É o ato de ignorar a existência de uma terceira causa, que apesar de não levada em conta nas premissas, fica clara a tanto a existência, quanto a necessidade para os fins de fundamentação, ou positivação do argumento conforme segue:

“Vivenciamos um período de altos índices de falências e desemprego, provocados pelo Covid 19.”

Ora, há outras causas além do próprio vírus, quais são, o distanciamento social obrigatório, seguido de um fechamento compulsório do comércio, e respectiva queda no consumo, entre outras. O intuito dessa modalidade de falácia é pregar a generalização como causa de um determinado fenômeno.

## FALÁCIAS DE EXPLICAÇÃO

### Falácia de Explicação Incompleta

É o ato de construir uma argumentação confusa com uma fundamentação incompleta, ou com uma proposição consequente que não explica de maneira plena a proposição antecedente conforme segue:

Os cães mordem porque tem dentes fortes.

Os atiradores atiram bem porque tem armas de qualidade.

Ora, em ambos os argumentos a explicação é incompleta. No caso dos cães, a mordedura está além do fato de seus dentes serem fortes, existem outros fatores, quais são, o instinto de sobrevivência, de autopreservação, de defesa territorial, entre tantos outros. Da mesma forma, no exemplo dos atiradores, o fato de ter um armamento de qualidade é apenas um dos fatores que contribuem para um bom tiro, quais são, o nível técnico, o volume de treinamento, a experiência, enfim, uma explicação incompleta pode gerar uma crença errônea ou distorcida.

**Falácia de Explicação Superficial**

Trata-se de construir a argumentação com base em rótulos ou classificações como meios para fundamentar as conclusões conforme exemplos a seguir:

"O gato gosta de atum porque é gato."

"O cachorro gosta de carne porque é cachorro."

"O homem gosta de música por que é homem."

**Falácia de Conclusão Irrelevante**

É o ato de construir uma narrativa cuja conclusão é irrelevante por não decorrer das premissas, ou seja, as premissas não justificam a solução, em uma espécie de desdobramento da Falácia Non-sequitur, conforme exemplo que segue:

"As Universidades ainda apresentam uma maioria de pessoas brancas, por esse motivo o Estado deve garantir as cotas, em prol da igualdade de oportunidades."

Ora, as cotas nas universidades não são a solução para a conquista da igualdade de oportunidades. Centenas de outros fatores devem ser adicionados nesta equação de altíssimo grau de complexidade, todavia, este tipo de falácia serve para fundamentar os discursos políticos de viés ideológico, e se mostram muito eficazes.

**Falácia de Distorção de Fatos**

É o ato de construir uma narrativa pautada na omissão de dados imprescindíveis ao argumento, com o intuito de mascarar os fatos verdadeiros, por isso é também conhecida como Falácia de Omissão de Dados. É comum no discurso midiático conforme segue:

"A violência policial é produto da instituição."

"O segredo dos músculos são os cabelos."

Em ambas narrativas existem diversos fatos omitidos, quais são, no que tange à violência policial, esta é produto de todo um conjunto de razões que abrangem desde uma subcultura generalizada de desprestígio das instituições policiais, até uma questão de uso de força necessário para combater ações criminosas, que numa narrativa irresponsável, pode transmitir a impressão errada.

Da mesma forma acontece com a narrativa do segundo exemplo, que trata da musculatura do cabeludo, ora, é possível que a narrativa omita as demais informações no intento de fazer o receptor da mensagem acreditar que se trata de Sansão, personagem bíblico, sendo que pode se tratar de qualquer cabeludo que usa esteroides anabolizantes e pratica musculação.

**Falácia de Invenção de Fatos**

É uma das modalidades mais presentes na falácia dolosa, ou seja, no sofisma, e consiste em mentir, dar resposta falsa ou apresentar informações imprecisas de maneira proposital, segue exemplos:

"As armas existem por causa dos gafanhotos."

"A causa da câncer é o consumo de mel."

"O Sol nasce em razão da fotossíntese."

**Falácia de Petição de Princípio** – *Petitio principii*

É o ato de apresentar um argumento, narrativa ou tese partindo do pressuposto de que a referida tese já foi validada, segue exemplo:

"A Bíblia é com certeza é verdadeira, portanto, todos devem buscar a verdade na Bíblia."

"Tostines vende mais porque é fresquinho, e é fresquinho porque vende mais."

Ambos os exemplos demonstram o objetivo dessa modalidade de falácia, que é a sugestão através de um raciocínio circular, que se explica por si só, onde a premissa é igual à conclusão.

**Falácia de Teoria Irrefutável**

É o ato de fundamentar um argumento com uma hipótese impossível de ser testada, ou, responder a questões sem solução com explicações sobrenaturais que não podem ser comprovadas cientificamente, principalmente quando a hipótese trata de algo intangível, ou seja, impossível de ser observada, testada, experimentada, como a figura de Deus conforme os exemplos:

"Sobrevivi ao acidente por intervenção divina."

"Ganhei centenas de vezes na loteria porque Deus quis assim."

**Falácia de Teoria da Conspiração**

É uma espécie de desdobramento da modalidade anterior, por também pautar a argumentação em um Teoria Irrefutável, ou seja, é a modalidade de falácia onde o orador constrói sua narrativa em uma ficção relacionada com eventos verdadeiros, entretanto, sem apresentar comprovação, pautando essa falta de comprovação da premissa exatamente na narrativa de ficção conforme exemplo que segue:

“Os Illuminati estão implantando uma Nova Ordem Mundial, e por isso estamos sofrendo com estes eventos absurdos que envolvem doenças, e catástrofes naturais. E é evidente que nem eu nem ninguém pode provar em razão do caráter sigiloso das ações dessa Ordem Secreta. Mas é fato que as coisas estão realmente acontecendo, e quem mais teria tanto poder para coordenar algo tão grandioso assim? Só pode ser os Illuminati!”

## DAS FALÁCIAS DE ERROS DE DEFINIÇÃO

Consiste em fundamentar um determinado argumento com características genéricas incapazes de apresentar parâmetros por si só, as quais, se dividem em cinco vertentes de definição mais comuns, a definição muito ampla, muito restrita, circular, contraditória e obscura de acordo com os exemplos que seguem:

### Falácia de Definição Muito Ampla

"A lâmpada é amarela e quente. Da mesma forma, o Sol é amarelo e quente."

"O tomate é vermelho e esférico. Assim como, o planeta Marte, que é vermelho e esférico."

### Falácia de Definição Muito Restrita

"A lâmpada é amarela e quente. Mas há lâmpadas brancas e frias."

"O tomate é vermelho e esférico. Mas há tomates verdes e de formatos diversos."

### Falácia de Definição Circular

É o ato de construir uma narrativa através da repetição da premissa na conclusão, como forma de definir um termo usando o próprio termo que está sendo definido de acordo com o exemplo clássico que segue:

“A Bíblia é a palavra de Deus porque foi inspirada por Deus.”

**Falácia de Definição Contraditória**

É o ato de construir uma argumentação com fins de sugestionar o receptor ou toda uma assistência a fazer o oposto através de uma definição pautada em termos que se contradizem, como no exemplo:

“Para se construir, é preciso desconstruir.”

**Falácia de Definição Obscura**

Trata-se de construir uma narrativa filosófica pautada em definições abstratas, imprecisas, ou sem nexo conforme segue:

“As mulheres são a água da vida que fluem em nossas almas rumo aos céus.”

## DAS FALÁCIAS DE INCOERÊNCIA

### Falácia de Afirmação do Consequente

É o ato de afirmar o consequente e depois afirmar o antecedente da proposição condicional, ou seja, essa modalidade de falácia ocorre quando se tenta construir um argumento condicional da seguinte forma:

Se A, então B. B. Então A.

O antecedente é a preposição que vem depois de "se", ou seja, 'A'. Por sua vez, o consequente é a preposição que vem depois de "então", ou seja, 'B'.

Nessa lógica, segue o exemplo:

"Chove, então a grama fica molhada. A grama está molhada. Então choveu."

"Se há carros, então há poluição. Há poluição. Então, há carros."

Quais são as conclusões das duas falácias? A grama só pode ser molhada quando chove, e, a poluição só é causada por carros, quando na verdade, ambas as consequências podem decorrer de outras causas antecedentes.

**Falácia de Negação do Antecedente**

É o ato de negar o antecedente que culmina na negação do consequente, ou seja, essa modalidade de falácia ocorre quando se tenta construir um argumento condicional nos moldes dos exemplos a seguir:

Se A, então B. Não A. Então não B.

"Chove, então a grama fica molhada. A grama não está molhada. Então não choveu."

"Se há carros, então há poluição. Não há carros. Então, não há poluição.

Dadas as considerações, insta salientar que a maneira correta de construir o argumento é afirmar o antecedente e depois afirmar o consequente ou, negar o consequente e depois negar o antecedente.

**Falácia de Incoerência** - *Non Sequitur*

Tipo de falácia que ocorre quando a conclusão não se sustenta nas premissas, e, como consequência lógica, acontece uma violação da coerência textual conforme exemplos:

"O título do livro é muito bonito. Deve ter muitas páginas."

"Que nome diferente tem este carro! Deve ser muito potente."

Em ambos os exemplos, a conclusão não tem nada a ver com a premissa. Este é o modelo clássico de uma falácia quando as premissas além de não levarem à conclusão, podem ainda, levar ao sentido contrário.

**Falácia de Inconsistência**

É o ato de construir um raciocínio com base em premissas contraditórias, o que culmina em uma narrativa instável, sem sustentação lógica conforme exemplo que segue:

"A Ferrari é mais veloz que o Porsche, e o Porsche é mais veloz que a Masserati, enquanto a Masserati é mais veloz que a Ferrari."

"A Terra é um planeta, Saturno é um planeta, Marte é um planeta, e todos são esféricos. Se dá para viver na Terra, também tem como viver em Saturno e Marte."

**Falácia de Oposição**

Da mesma forma que o exemplo anterior, esta modalidade de falácia se caracteriza por não respeitar as leis de oposição, em uma construção onde a conclusão serve de negação para a premissa conforme segue:

“É falso que toda mulher é feminina. Logo, nenhuma mulher é feminina.”

Para os fins de compreensão, em respeito às leis de oposição, seria necessário o emprego da negação, ou seja, da possibilidade do contrário, que se perfaz na expressão “algum” em contraponto a expressão “nenhum”. Nesse sentido, a argumentação correta diante do exemplo apresentado seria:

“É falso que toda mulher é feminina. Logo, alguma mulher não é feminina.”

## DAS FALÁCIAS DE INDUÇÃO

### Falácia de Distração

Também conhecida como falácia do arenque vermelho, *"red herring"*, uma analogia ao fato de que durante uma busca com cão de faro, o forte cheiro desse peixe é capaz de tirar o cão do rastro, por suplantar o cheiro da pista. Esta modalidade de falácia acontece quando uma premissa irrelevante é introduzida na argumentação com o intuito de desviar a atenção e sugestionar o receptor a um entendimento diverso diante de uma conclusão desconexa conforme segue:

"Provavelmente o mordomo deve ser o assassino. Nos livros e filmes sempre é."

"O mecânico deve ter estuprado a menina. Mês passado um mecânico estuprou uma menina na Argentina."

As premissas apresentadas são irrelevantes para os fins da conclusão, mesmo diante de uma aparente conexão.

**Falácia de Conclusão Sofismática**

É o ato de construir uma narrativa com pressupostos que podem ser válidos, entretanto, a conclusão não tem relação alguma com os argumentos combatidos, ou seja, é como tentar justificar uma ação com outra que não tem nenhum nexo causal conforme segue:

Em analogia, pode-se dizer que seria o mesmo que uma defesa técnica de um crime hediondo, onde o advogado defende a inocência do cliente se baseando no fato de o réu ser um bom pai de família, que não tem nome sujo na praça, em que pese ele ter participado do sequestro, ele é uma pessoa bem quista na comunidade, contribui para causas sociais.

Enfim, de fato as premissas são verdadeiras, mas a conclusão de que o réu é inocente não se fundamenta nas premissas apresentadas.

**Falácia de Conversão**

É a modalidade de falácia onde o emissor constrói um argumento que afirma determinada proposição, sem considerar as possibilidades de oposição ou negação conforme segue:

"O maratonista corre. Logo, quem corre é maratonista."

Ora, dentro de um conjunto de pessoas que correm pode haver um conjunto de maratonistas, outro conjunto de coletores de lixo, outro de jogadores de basquete, outro de praticantes de artes marciais, enfim, diversos outros grupos de pessoas que não são propriamente maratonistas podem executar o ato de correr.

**Falácia de Esnobismo Cronológico**

É a modalidade de falácia que trata de enaltecer ou denegrir determinada esfera do pensamento, da arte ou da ciência de um determinado período histórico anterior em relação a outro período, de acordo com a conveniência do emissor da mensagem, classificando um período como superior ou inferior no referido comparativo conforme exemplos a seguir:

"Imagina que eu vou acreditar em uma história de uma época em que as pessoas acreditavam que a Terra era plana e que o Sol girava em torno do planeta! Nem tem cabimento."

"A Teoria da Evolução das Espécies é uma teoria antiga, de um período histórico onde as pesquisas de genética eram feitas com ervilhas por Mendel. A ciência moderna já mapeou o DNA faz tempo, e se a Teoria de Darwin fosse verdadeira, já teríamos provas."

Ideia inversa...

"A música e as artes atuais não chegam nem aos pés da música e das artes da antiguidade clássica, da idade medieval e do iluminismo. Não se faz arte como antigamente."

**Falácia de Falsa Analogia**

É o ato de construir uma narrativa comparativa que toma como parâmetros absolutos, dados relativos, ou seja, uma semelhança parcial fundamenta uma premissa que conclui que a semelhança é de fato total. O mesmo acontece em um argumento diametralmente oposto conforme segue:

“O cachorro é um canídeo, o chacal é um canídeo e o lobo também é um canídeo. Se eu posso criar um cachorro em meu quintal, também posso criar um chacal e um lobo.”

## TÉCNICAS DE APLICAÇÃO PRÁTICA DA ORATÓRIA

### DOS DOIS EXTREMOS

Existem dois extremos igualmente negativos para os fins de uma apresentação, quais são, o Extremo da Oratória e, o Extremo da Teoria.

### EXTREMO DE ORATÓRIA

O extremo da oratória se perfaz na abordagem ultra técnica formalista. Em que pese a necessidade de um certo formalismo diante de determinados temas, tais como os relacionados às ciências jurídicas, como exemplo, o excesso de formalismo, associado ao linguajar técnico comum deste tipo de tema, pode tornar a apresentação extremamente enfadonha.

Por maior que seja a beleza da construção textual do ponto de vista da aplicação do vernáculo, o problema está no fato de que este tipo de linguagem ultra técnica formalista demora a ser assimilada mesmo diante de uma leitura, onde se faz necessária uma intelecção sobre o significado de cada palavra dentro do contexto em relação ao tema e a aplicação, ora, se a operação intelectual para decifrar todo o teor é altamente complexa no plano da leitura, que dirá no plano da audiência, onde é impossível voltar a página para reler um determinado parágrafo e executar uma reanálise.

Nesse sentido, o orador provoca um ruído na comunicação através da complexidade da própria mensagem, e, por conseguinte, o público com dificuldade de compreensão fica frustrado e como consequência lógica, se cansa e desiste de tentar entender, se entedia e fecha o canal de comunicação. E eis que o orador fracassa em seu objetivo.

## EXTREMO DA TEORIA

A abordagem completamente teórica é importante para fins acadêmicos, e se, o orador estiver inserido neste contexto, não há problema algum em apresentar uma argumentação semelhante a uma aula nos moldes de faculdade, escola ou de colégio, onde as teorias de aprendizado são discutidas, debatidas e, geralmente, abandonadas, todavia, este formato é imprescindível na transmissão de informações para fins de aprendizado acadêmico, onde a ideia é que a assistência compreenda a forma de pensar de determinado doutrinador da respectiva ciência abordada e afine seus pensamentos no mesmo diapasão.

O orador que for se engendrar na abordagem teórica para os fins do ensino acadêmico, em perspectiva deve estudar em sentido estrito sobre o ensino, a dinâmica da personalidade, o impacto do contato visual e numerosas outras matérias, com o cuidado de não se fazer confuso demais na construção argumentativa.

Por outro prisma, aos oradores que não tem o intento de se engendrar na esfera acadêmica, é importante o entendimento de que o público está sedento de novidades, orientações, ajuda, ou seja, informações para os fins de aplicação prática, respostas para questões reais, e não suposições ou irrealidades hipotéticas oriundas de teorias.

É nesse sentido que o extremo da teoria pode desconstruir a imagem e credibilidade do orador, sob o risco de a assistência entender que o orador não passa de um falastrão, e que seu discurso é pura falácia.

Dadas as considerações, passamos ao estudo das Técnicas de Aplicação Prática ao exercício da Oratória.

## DA GRAMÁTICA APLICADA A ORATÓRIA

"Mas a retórica é útil porque a verdade e a justiça são por natureza mais fortes que os seus contrários."

Aristóteles

É imprescindível a qualquer orador, o domínio da gramática, haja vista que, ninguém se agrada em ouvir um orador que fala errado. Mas o que é falar errado para os fins da oratória, haja vista que determinadas narrativas dependem de um certo linguajar coloquial, bem como, em outros casos, para potencializar a transmissão das informações, se faz necessário que o orador lance mãos de regionalismos, gírias, palavrões, ou seja, o que é falar errado?

Ora, falar errado não se trata de empregar ferramentas de linguagem menos ortodoxas capazes de melhorar a transmissão de informações, falar errado vai muito além. Uma coisa é formar as palavras, outra é empregá-las na construção de frases e orações, a ainda mais importante, é o objetivo pretendido implícito na narrativa.

O cerne da questão está no fato de que um orador que fala uma frase sem nexo, ou, construída de forma errada, em desacordo com o ordenamento gramatical, corre sérios riscos de descontruir toda a credibilidade de seu discurso, e por consequência lógica, também a sua própria credibilidade.

Em uma perspectiva de aplicação prática, o orador pode até construir uma argumentação escorreita, todavia, se esta argumentação não for devidamente planejada de maneira estratégica para atingir determinado fim específico, a oratória não se faz eficiente.

Nesse sentido, especificamente no que tange ao emprego do vernáculo, a Gramática regula o modo como as unidades da língua se combinam entre si para formar unidades maiores, bem como, designa um determinado ramo da linguística que estuda os elementos que compõem a própria gramática.

Em síntese, a Gramática é a ciência que estabelece o ordenamento de regras que regem a instrumentalização prática do idioma.

Este ordenamento gramatical, determina o uso correto tanto da língua escrita, quanto da língua falada, que abrange, Estilística, Etimologia, Fonética, Fonologia, Literatura, Morfologia, Pragmática, Semântica e Sintaxe, que são ramos independentes.

Insta salientar que, no intuito de proporcionar maior acessibilidade a esse trabalho, bem como, promover uma leitura agradável de teor prático, leve e inteligível, por se tratar de um ordenamento descritivo-normativo muito amplo, de acordo com a classificação convencional apresentada, o presente trabalho se digna em selecionar apenas algumas vertentes imprescindíveis ao estudo da oratória, sem contudo, desmerecer qualquer dos demais ramos da gramática. Dadas as considerações, passamos ao estudo sintetizado sobre a pragmática e a fonologia:

**PRAGMÁTICA**

Pragmática é a vertente da gramática que trata da linguagem no contexto de seu uso na comunicação, essencialmente no que tange aos objetivos da comunicação, e por esse motivo, pode-se considerar que, a pragmática vai além da construção das frases e orações, objeto da sintaxe, ou da significação, objeto da semântica.

Em termos gerais, a semântica, bem como a sintaxe, abrangem a esfera da construção teórica da linguística, enquanto a pragmática, abrange a aplicação prática com fins predefinidos, que, se deduzem a partir de um contexto extralinguístico, ou seja, discursivo e situacional.

Enquanto a semântica tem como foco o estudo dos significados das palavras em sentido estrito, a pragmática tem como objetivo o estudo da significação das palavras em sentido amplo, ou seja, empregadas dentro de um determinado contexto e espectro para atingir fins pretendidos através da linguística, tais como, o convencimento, a motivação, o entendimento, o despertar de sentimentos, o provocar de reações, enfim, a pragmática é indissociável do discurso e imprescindível para a construção de uma linha de argumento associada a outras técnicas a serem estudadas em tempo oportuno no presente trabalho, para atingir um denominador previamente estabelecido pelo orador.

**Contexto**

É preciso compreender o significado de 'contexto' para os fins deste estudo, que, em síntese, é a relação entre o texto e a situação em que ele ocorre dentro do próprio texto, ou seja, trata-se do conjunto de circunstâncias em que se produz a mensagem que se deseja emitir, quais são, tempo, lugar, emissor, receptor, teor, meio, bem como, nexo de causalidade, indispensáveis à compreensão plena do argumento.

Dadas as considerações, para empregar a pragmática na prática é preciso que o orador considere os seguintes fatores:

**Aceitabilidade**

Trata-se do esforço necessário do receptor da mensagem para compreender o que foi emitido. Nesse sentido, o orador deve trabalhar na construção de um argumento mais inteligível possível, haja vista, que, de nada adianta um belo discurso que no final, não atinja o objetivo por falta de entendimento.

O orador deve adequar tanto o texto, quanto a forma de transmissão ao respectivo público, com a finalidade de potencializar o entendimento nos moldes da máxima de “falar com os romanos como romano e com os judeus como judeu”, ou seja, não só o idioma, mas, o linguajar, os termos específicos, os regionalismos, as gírias e palavrões se necessários, tudo deve ser considerado, e, empregado para tornar a mensagem mais íntima possível, e por conseguinte, mais inteligível.

**Informatividade**

É uma continuação lógica do fator anterior, haja vista, que tange ao conteúdo a ser transmitido, e, nesse pensamento, o orador deve organizar as informações de forma a privilegiar a assimilação do conteúdo por parte do receptor.

## Intencionalidade

Para organizar as informações e deixá-las claras e de fácil entendimento ao público, é preciso que o orador defina os objetivos e intenções a serem alcançados pelo discurso.

Como exemplo, na hipótese em que a intenção for de promover o aumento de desempenho de determinada audiência em relação a suas respectivas funções dentro de uma empresa ou organização, o orador deve ter como objetivo despertar sentimentos de descontentamento, ira e inconformismo para direcionar o público a reações de motivação e competitividade.

## Intertextualidade

Trata da relação com outras fontes textuais, necessárias à fundamentação do discurso, bem como, à credibilidade, tal qual as referências bibliográficas de um trabalho acadêmico. Ao verificar diversas fontes, o orador pode encontrar formas mais inteligentes de transmitir a mensagem, ou mesmo, decidir por defender determinada corrente doutrinária, ou ainda, fazer comparativos que fortaleçam o argumento.

**Situacionalidade / Consciência Situacional**

Trata-se de uma operação intelectual onde o orador, realiza um planejamento estratégico que consiste em analisar a relação entre o argumento, o contexto, o ambiente e o público, e, empregar na construção do discurso.

Insta salientar, que, para realizar esta operação intelectual, o orador deve inicialmente, ter abordado os fatores anteriores, e, deve se pautar em parâmetros, quais são, procedimentais, físicos, dinâmicos e interdisciplinares.

**Coerência Pragmática**

Consiste no desenvolvimento de um discurso pautado na organização lógica e cartesiana, ou seja, uma narrativa com começo meio e fim, que segue uma linha de sentido, e, obedece a uma sequência de atos e fatos. Tanto na esfera textual, quanto no ato da fala, a coerência pragmática deve se fazer presente, e nessa lógica, o orador, ao praticar seu discurso, deve considerar todos os fatores anteriores, associados as demais técnicas e passar todo o conjunto no filtro da coerência, de forma a afinar todos os aspectos no mesmo diapasão.

## FONOLOGIA

Conforme abordado no início do estudo da gramática aplicada à oratória, o presente trabalho tem o objetivo de destacar apenas os ramos de aplicação prática específica, considerando que, é de responsabilidade do orador dominar as demais vertentes gramaticais, que, são pressupostos lógicos imprescindíveis para uma boa oratória.

Insta salientar que outro ramo da gramática aborda o estudo do sistema sonoro, a fonética, que é o ramo que estuda os sons produzidos pela fala humana em sentido estrito, enquanto a fonologia, estuda os sons em sentido amplo, bem como, os efeitos dentro do plano da dinâmica de comunicação. Em síntese, a fonologia é o ramo da gramática que estuda o sistema sonoro do idioma, do ponto de vista de sua função como ferramenta de persuasão dentro sistema de comunicação linguística.

No mesmo sentido, a fonologia se divide em três esferas de estudo, quais são, da estrutura silábica, do acento e da entonação, das quais o presente estudo se digna em destacar a entonação com ênfase em suas aplicações na oratória.

## ENTONAÇÃO APLICADA

É imprescindível ao orador, desenvolver a capacidade de transmitir a mensagem de maneira clara, concisa, lógica, e, inteligível, entretanto, para gerar convencimento é preciso ir além, se faz necessário transmitir e gerar sentimentos e sensações através do discurso, e para tanto, a ferramenta adequada é a entonação.

Entonação na oratória, é a capacidade de dinamizar o discurso através de ênfases provocadas por mudanças tonais, variações de volume, controle de velocidade, ou andamento, emprego de pausas, ou silêncio, ou seja, é dar vida ao texto frio através de ferramentas de voz.

O bom orador transmite a mensagem com eficiência, o excelente orador transmite a mensagem com emoção, e só a entonação é capaz de provocar emoções através do discurso falado. Os grandes conferencistas se destacam exatamente por provocarem sentimentos e despertarem emoções em suas plateias, e para tanto, dentre tantas ferramentas de linguagem e persuasão, se destaca a entonação.

A língua portuguesa, pertence a um grupo de idiomas denominado, "línguas tonais", assim como os idiomas chineses, cantonês e mandarim, bem como, os idiomas tailandês, inglês, espanhol, entre outros, que são assim chamados por lançar mãos de variações tonais para distinguir significados de expressões idênticas como no exemplo que segue:

"Caio foi à guerra."

Nesse exemplo, a frase tem o objetivo de afirmar um fato, e para transmitir essa ideia, o orador fala com entonação grave e breve, e a cadeia falada tem sentido descendente. A mesma frase pode ser dita com intenção interrogativa:

"Caio foi à guerra?"

Nesse caso, para transmitir a ideia de interrogação, o orador fala com entonação variante de grave para aguda, imprimindo uma cadência mais longa na pronúncia da palavra guerra, e a cadeia falada tem sentido ascendente. Por conseguinte, a mesma frase pode ser dita com intenção exclamativa:

"Caio foi à guerra!"

E para transmitir a ideia de exclamação, o orador fala com entonação variante de média para aguda e retorna para média, imprimindo uma cadência mais longa na pronúncia da palavra guerra e uma ênfase na sílaba tônica, e a cadeia falada tem sentido variável de ascendente com final descendente.

Para treinar esta ferramenta de comunicação, o orador deve ter como parâmetro os exemplos anteriormente apresentados, ou seja, deve escolher uma expressão, e verbaliza-la de diversas maneiras, primeiro, nas modalidades afirmativa, interrogativa e exclamativa, e, depois, o orador deve trabalhar os aspectos cognitivos da prosódia, e dessa forma, tentar imprimir sentimentos na verbalização, quais são, ira, inconformismo, piedade, medo, felicidade, surpresa, impaciência, e assim por diante, de forma a buscar o próprio convencimento de que o emprego de sua entonação foi capaz de alcançar os objetivos propostos.

Depois de praticar só, o orador deve empregar a ferramenta de entonação no maior número possível de comunicações, ou seja, desde as conversas particulares, até conversas coletivas, sobre assuntos aleatórios. A prática deve ser acompanhada de observação, análise e pensamento lógico, com a finalidade de identificar pontos positivos e negativos, e, por conseguinte, corrigir e melhorar o emprego da ferramenta.

Um ponto de referência para observação em relação aos resultados do emprego da entonação são as expressões faciais provocadas nas pessoas, seguidas de reações involuntárias. Em termos gerais, é bem simples, se a intenção é provocar medo ou surpresa, e, a ferramenta for bem empregada, o ouvinte abre os olhos, levanta a sobrancelha, suas pupilas dilatam, a boca se abre levemente, o tronco se projeta para trás e a respiração fica lenta e pesada. Se a intenção é provocar a ira ou inconformismo, é fácil identificar o cenho franzido, olhar fixo, a boca serrada, o maxilar tenso, a respiração curta rápida e o tronco projetado para frente. Quando a intenção é provocar tristeza, piedade ou angústia, é comum verificar o cenho franzido, olhar perdido, por vezes marejado, boca entreaberta, respiração lenta seguida de suspiros profundos.

Enfim, para todas os estímulos de entonação existem respostas específicas, que podem sofrer variações de um para outro indivíduo, todavia, para os bons oradores, é possível identificar a efetividade do emprego da ferramenta, mesmo nas pessoas mais apáticas.

## DA LINGUAGEM CORPORAL

Parafraseando *Pierre Weil* e *Roland Tompakow*, "O Corpo Fala", e de fato, a mensagem pode ser passada em todo seu teor através de uma excelente fala, todavia, a postura, a linguagem gestual e as expressões faciais, potencializam a capacidade de transmissão do orador, bem como, a capacidade de entendimento da assistência.

E de fato, o corpo fala muito mais que as palavras de acordo com os estudos do cientista armênio Albert Mehrabian, professor emérito de Psicologia da Universidade da Califórnia, pioneiro nos estudos da linguagem corporal.

As pesquisas de Mehrabian demonstram que, a linguagem verbal, ou seja, apenas as palavras frias, correspondem a 7% da comunicação interpessoal, seguida da comunicação vocal, que abrange, tom de voz, velocidade, ritmo, volume e entonação, e corresponde a 38%, e, por fim, a comunicação denominada não-verbal, que trata de, postura, gestos, expressões faciais, e outras informações transmitidas sem o uso de palavras ou vocalização, e corresponde a 55% da linguagem na transmissão de informações entre pessoas consideradas normais para os fins deste estudo, quais são, as dotadas de todos os sentidos, e, dotadas de capacidade cognitiva, capazes de discernir sobre o contexto geral da comunicação interpessoal.

Em que pese toda ciência envolvida na construção deste trabalho, é importante salientar que o presente estudo não tem a pretensão de se aprofundar na esfera científica. O objetivo desta obra é apresentar as ferramentas práticas para o desenvolvimento de uma oratória eficaz, oriundas, evidente, de estudos científicos profundos e doutrinas sedimentadas, aliadas ao conhecimento empírico.

A seguir, o presente estudo apresentará diversas técnicas, selecionadas a partir de um arcabouço gigantesco de ferramentas dominadas e empregadas pelos grandes conferencistas, comunicadores e negociadores, e neste trabalho são apresentadas de forma extremamente sintetizadas, acompanhadas de explicação inteligível e exercícios de aplicação prática para assimilação e compreensão plena, com a finalidade de que o leitor consiga empregar as referidas técnicas em suas dinâmicas de comunicação. Dadas as considerações, seguimos ao estudo da postura.

## A POSTURA PERFEITA

A postura é um requisito indissociável da oratória, haja vista, que, postura abrange muito além da mera posição do corpo em relação à assistência, ou, ambiente. A postura está diretamente relacionada à dinâmica do corpo em relação com o teor do discurso, e nesse sentido, a postura abrange também a linguagem gestual, a ser abordada em tópico específico.

Antes de abordar o que deve ser feito, é preciso conhecer o que não deve ser feito, ou seja, os Comportamentos Posturais Involuntários. A postura, assim como os demais comportamentos humanos, se principia na esfera do pensamento, consciente e subconsciente, e, nessa lógica, é preciso que o orador mantenha a controle de sua postura para não cair na armadilha de entregar a postura ao comportamento inconsciente, ou seja, o orador que se omite em treinar e controlar sua postura, será traído por ela.

A postura se principia nos membros inferiores, e, aos incautos, estes podem assumir o controle da movimentação diante da plateia e colocar todo o trabalho em descrédito conforme exemplo que segue:

Todos já viram um animal selvagem enjaulado. Com o tempo, esse animal incorpora um comportamento que se demonstra involuntário, onde anda de um lado para o outro da jaula, repetidas vezes, como se procurasse uma saída que sabe não existir. É possível em analogia a este fenômeno comportamental, identificar o mesmo comportamento em alguns oradores, e, da mesma forma, é possível cair nesta armadilha do inconsciente.

Evidente, que, em qualquer apresentação existe uma carga de estresse capaz de influenciar o comportamento de maneira involuntária, todavia, conhecer os principais desdobramentos comportamentais, proporciona a possibilidade de empregar o autocontrole para evitar ficar andando de um lado para o outro no palco.

A postura que se principia nos membros inferiores passa pelo quadril, tronco, membros superiores e termina na cabeça. Nessa lógica, outro comportamento postural involuntário que pode emergir durante a oratória é o pêndulo. No caso do orador que identificou o problema anterior e resolveu ficar parado no palco para evitar cair na armadilha do comportamento do animal enjaulado, este, em razão da pressão do estresse natural pode cair em outra armadilha, a movimentação pendular de quadril e tronco, tanto lateral, quanto para frente e para retaguarda.

Conforme abordado em síntese introdutória, 55% do teor da comunicação é transmitido através da linguagem não-verbal, ou seja, toda movimentação desnecessária e repetida causa ruído na comunicação e dificulta o entendimento da audiência. É como tentar ler um livro ouvindo heavy metal, as duas práticas simultâneas atrapalham uma a outra, numa combinação onde é impossível absorver o conteúdo do livro, e, tampouco, aproveitar a música. No mesmo sentido, não há como transmitir informação com eficiência, quando o próprio orador é o causador do ruído na comunicação, em um cenário onde sua movimentação involuntária e repetida faz parte dos 55% da comunicação em relação a meros 7% de linguagem falada a ser transmitida.

Por fim, no que tange ao comportamento postural inconsciente, o presente trabalho destaca a posição fetal. Evidente que não se trata de uma posição fetal completa onde o orador se coloca no chão e se encolhe como um feto, mas, se trata de uma forma incompleta, análoga, que transmite a mesma imagem. É fácil identificar e evitar este comportamento, basta visualizar o seguinte exemplo:

O orador se coloca diante da assistência e pontua os comportamentos posturais abordados anteriormente, ou seja, controla a movimentação no espaço, evitando o comportamento do animal enjaulado, bem como, elimina a movimentação pendular, entretanto, se deixa cair na armadilha da posição fetal, e projeta o tronco levemente para trás, rotaciona os ombros para frente, projeta também a cervical para frente, de forma a provocar uma curvatura na parte superior nas costas, levando o queixo de encontro ao tórax, e por fim, apoia as mãos sobre o abdômen, e, nos casos de estar segurando um microfone, o orador faz a pegada na base de forma a manter a mão apoiada na barriga, ou seja, analisando todo o conjunto de movimentos, trata-se de um encolhimento em sentido fetal, cuja explicação está na natural tendência da autopreservação incutida no comportamento humano desde os tempos mais remotos, ou seja, é um comportamento instintivo, que só pode ser evitado com um comportamento consciente.

Mas, qual o motivo de evitar esses comportamentos posturais involuntários?

Ora, tais comportamentos demonstram nervosismo e insegurança por parte do orador, e provocam outra reação involuntária, agora na plateia, um desconforto seguido de desconfiança, que pode descontruir toda a imagem do orador, e, por conseguinte, prejudicar a credibilidade da informação transmitida. Dadas as considerações sobre os comportamentos posturais involuntários que devem ser evitados, passamos agora aos comportamentos posturais voluntários, que devem ser empregados para potencializar a transmissão de informação.

Para melhor compreensão do tema, é preciso fazer um exercício mental, e tomar assento na plateia imaginária diante do orador ideal. Diametralmente oposta a ideia de postura a ser combatida, o orador ideal deve antes de qualquer palavra demonstrar autoridade, segurança, domínio, e estas características devem emanar de sua postura desde o momento da entrada no palco, ou na sala de aula, na sala de reuniões, enfim, no espaço onde o orador vai exercer sua missão.

Ao adentrar no local, o orador deve fazê-lo com fluidez e passos firmes, o que por si já demonstra domínio do ambiente. É preciso saber com antecedência a melhor localização no ambiente para principiar sua apresentação, de forma que o deslocamento até este lugar predefinido aconteça de maneira natural. Durante o referido deslocamento, o orador deve escanear a plateia de um lado para o outro, com a cabeça erguida, realizando discretos movimentos de pêndulo em sinal de aprovação e concordância com o público, com a finalidade de gerar empatia no primeiro contato.

Além desses movimentos, é imprescindível durante o escaneamento da audiência que o orador mostre o queixo em conjunto com um discreto sorriso de boca fechada, e instantes antes de principiar a fala, com dentes unidos e boca entreaberta, realize um movimento de sobrancelha, com repentina mudança de direção do olhar, em sinal de alerta, seguido de uma tomada de fôlego. E eis que se principia o trabalho de *"rapport"* com a assistência.

Ao estabelecer posição, é preciso parar com os pés paralelos até a largura dos ombros, o que proporciona uma base firme, confortável e ereta. As mão devem estar livres para a execução de movimentos técnicos de linguagem a serem abordados em tópico específico, e, no caso de uma das mãos ficar comprometida com o microfone, esta deve ficar fixa na altura do tórax, por motivos a serem explicados no referido tópico. Os ombros devem ser rotacionados para retaguarda de forma a abrir a região do peitoral e a cervical deve estar alinhada, evitando o vulgarmente chamado pescoço de tartaruga, ou seja, o microfone vai até a boca e não o contrário.

Para evitar movimentos inconvenientes com o microfone, a sugestão é apoiar o pulso no peito na altura do mamilo, e o braço deve estar relaxado e apoiado ao longo do tronco. No caso de troca de mãos, o procedimento deve ser aplicado da mesma forma no lado oposto. Um excelente referencial mental é a imagem do "Batman"!

**Técnicas Posturais do Batman**

Esse estudo em analogia com o super-herói da DC Comics foi desenvolvido pelo professor de neurociência da *"Johns Hopkins University"*, *E. Paul Zehr* e publicado em 2008 no livro intitulado *"Becoming Batman: The Possibility of a Superhero"*, nesse sentido, segue a análise:

Em que pese o fato de ser milionário, o Batman é um ser humano comum, ou seja, não possui superpoderes, e sobretudo, possui todas as características necessárias ao orador pleno. Primeiramente o Batman não faz nada sem planejamento, e além de planejar e estudar cada detalhe de uma operação, o Batman também se prepara através de muito treinamento. O planejamento, o estudo e o treinamento o fazem capaz de usar todas as ferramentas que possui com perfeição, e, de todas as habilidades do homem morcego, a mais importante e eficaz é o poder de persuasão.

Mas, para persuadir, além das palavras, o Batman lança mãos de uma excelente linguagem corporal, transmitindo uma imagem de superioridade, ou, de autoridade, através de uma postura que demonstra grandeza, e dessa forma, aparenta ocupar grande espaço, ao parar com as pernas paralelas na largura dos ombros, rotacionar ombros para retaguarda, projetar o tórax para frente e manter a cabeça elevada, mostrando o queixo.

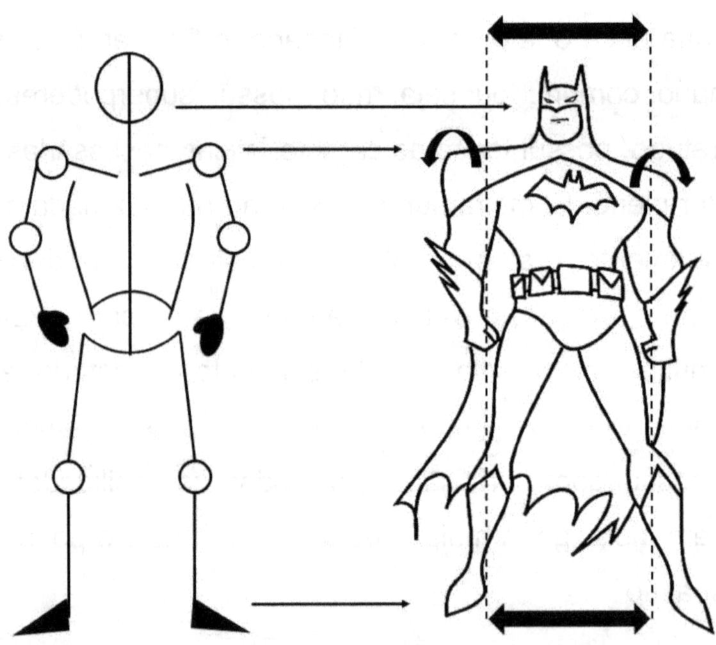

Esse tipo de postura transmite ao público a ideia de que o orador que se posta dessa forma deve ser respeitado, e por conseguinte, merece ser ouvido, além de que, certamente, a mensagem transmitida por alguém com essas características é revestida de veracidade e credibilidade. Mas, além dessas ferramentas, e se a apresentação for em uma sala de aula, qual seria a ferramenta de comportamento postural consciente que o Batman usaria? Resposta: Comunicação Proxêmica!

O termo proxêmica foi criado pelo antropólogo *Edward T. Hall* em 1963 com o objetivo de descrever o espaço pessoal dos indivíduos num meio social.

Como exemplo, é comum, ao chegar em uma praça de alimentação, procurar uma mesa separada para sentar, e, em casos em que não há mesas viáveis, na hipótese de estar ocupada uma de quatro cadeiras disponíveis, provavelmente, a outra pessoa vai procurar sentar na extremidade oposta, ou seja, o mais distante possível do ocupante que lá estava antes de sua chegada.

Ao enfrentar os inimigos de maneira direta, o Batman invade propositalmente o espaço íntimo do adversário, de forma a demonstrar superioridade.

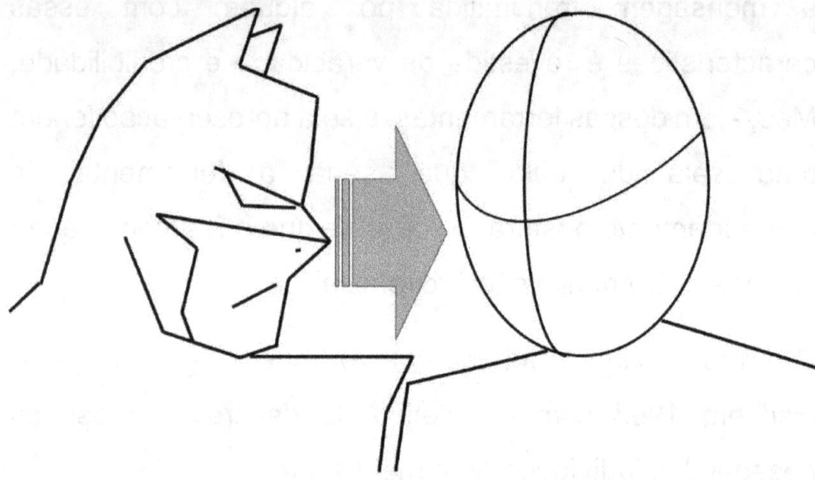

Esse tipo de ação, provoca um desconforto momentâneo na pessoa que teve seu espaço invadido, entretanto, pode servir para demonstrar domínio do ambiente. Na sala de aula, essa ferramenta pode ser empregada da seguinte forma:

O orador, professor ou palestrante, sai da área normalmente delimitada ou preestabelecida e enquanto lança mãos de sua oratória, propositalmente caminha em direção ao fundo da sala passando por entre as carteiras dos alunos, e retorna de maneira natural, como se de fato, estivesse se deslocando no espaço do tablado, de forma a demonstrar de maneira subjetiva que todo o espaço é de domínio do orador, inclusive o espaço que o aluno pensava ser exclusividade dele.

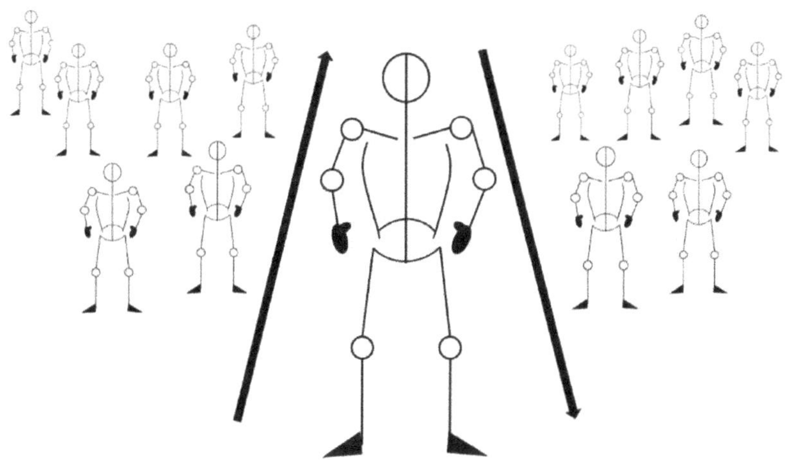

A mesma ferramenta pode ser empregada em sala de aula para dirimir a ação de um indivíduo desestabilizador, ou seja, aquele aluno que prefere atrapalhar a aula. Durante a incursão pela sala, o orador se desloca lentamente em direção ao referido indivíduo enquanto discursa, e ao entrar na proxêmica do indivíduo toca seu ombro, ou, pega um objeto em sua carteira, uma caneta por exemplo, e coloca de volta na sequência, sem interromper o discurso, e, permanece mais alguns instantes, na sequência, retorna à posição original.

Essa demonstração de poder, domínio e superioridade através da postura, se converte em respeito e atenção por parte da assistência, fatores imprescindíveis para o sucesso da oratória. Evidente que não existe receita infalível, diante da imprevisibilidade dos desdobramentos do comportamento humano. Todavia, quanto maior o número de ferramentas dominadas, proporcionalmente, são as probabilidades de sucesso.

## LINGUAGEM GESTUAL

Nesta modalidade, o orador lança mãos de técnicas para fazer com que o indivíduo se torne mais suscetível à argumentação. A primeira etapa da comunicação consiste em criar o *"rapport"* conforme já mencionado, que em termos gerais, se trata de desenvolver um estreitamento de relação, ou seja, uma conexão baseada em confiança e empatia.

### Técnica do Espelhamento

Depois de estabelecido o *"rapport"*, o orador deve realizar a manutenção, sedimentação e fortalecimento da conexão com a assistência através do emprego de outras técnicas de comunicação, as quais, destaca-se para fins de exemplo a técnica do "espelhamento". Insta salientar que esta técnica pode ser empregada na esfera coletiva, diante de grandes assistências, todavia, é de maior efetividade diante do emprego individual, e, nesse sentido, no que tange ao emprego coletivo, serve para atrair a atenção de indivíduos específicos inseridos no contexto coletivo.

O objetivo é deixar um indivíduo ou toda uma plateia ainda mais suscetível ao argumento, diante do sugestionamento subjetivo de que ambos possuem semelhanças, e, portanto, buscam a mesma coisa, compartilham da mesma opinião, acreditam na mesma crença, almejam os mesmos objetivos, enfim, as aplicações são diversas.

Para melhor exemplificar é preciso vislumbrar o emprego na esfera individual para depois entender a aplicação no contexto coletivo conforme segue:

O intuito é estabelecer o *"rapport"* através da identificação e aceitação mútua, e, nesse sentido, o jogo de imitação gestual é extremamente eficaz. Nesta modalidade de comunicação gestual, o orador observa um comportamento de determinado indivíduo e copia discretamente. Se o indivíduo coloca momentaneamente a mão direita na orelha, imediatamente o orador, de frente para o alvo do *"rapport"*, coloca a mão esquerda momentaneamente na orelha da mesma forma. Por conseguinte, se o indivíduo mordisca os lábios, da mesma forma agirá o orador, e se o indivíduo projetar levemente a cabeça para o lado esquerdo, o orador projetará a cabeça levemente para o lado direito, e de forma subjetiva, o subconscientemente do receptor entenderá estar diante de um espelho, ou seja, aquele que escuta, se reconhecerá naquele que emite, e, é exatamente esse processo de autorreconhecimento no outro que gera a empatia necessária ao estabelecimento do *"rapport"*.

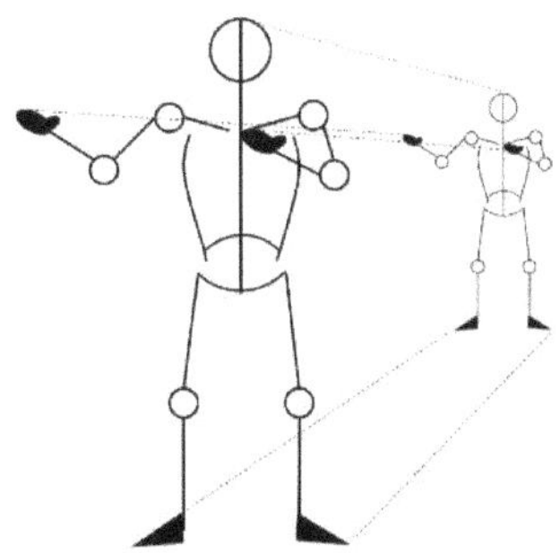

Na esfera coletiva, a aplicação é um pouco mais complexa, pois de fato, não deixa de ser individualizada, mas, tem o objetivo de dirimir um comportamento negativo para com a finalidade da palestra de um determinado indivíduo desestabilizador.

Para os fins do emprego da técnica em tela, na hipótese de o orador palestrante identificar no meio da assistência um indivíduo desestabilizador, este deverá momentaneamente fixar o olhar no referido indivíduo, de forma a chamar sua atenção. Em seguida, de maneira discreta, o orador deve identificar a característica possível de ser copiada diante do fato, que, ambos se encontram em posturas diferentes.

Se o indivíduo estiver de braço cruzados, por exemplo, o palestrante ao voltar a fixar seu olhar neste, deverá cruzar também seus braços de forma muito rápida e, quase que instantaneamente, deverá descruzar e abrir mãos e braços levemente flexionados na altura do peito, mudando o olhar de direção na sequência, sem interromper a argumentação em momento algum. Se a pessoa passa a mão no rosto, o orador deve fixar o olhar, passar a mão oposta no rosto e desviar o olhar imediatamente.

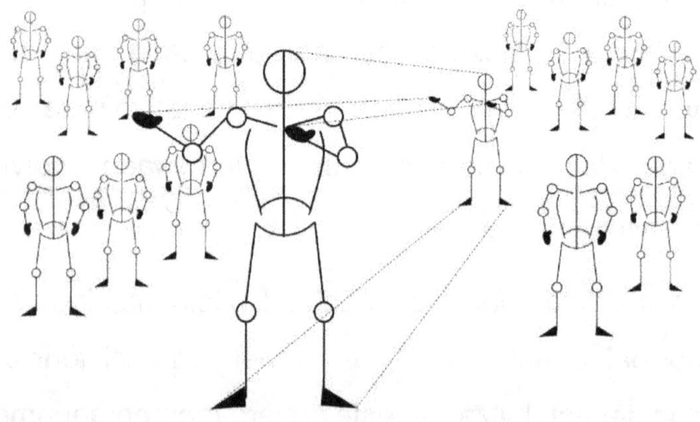

Provavelmente, nas primeiras intervenções da técnica o indivíduo desestabilizador já terá mudado sua linha comportamental, ou por despertar empatia, ou, por se sentir vigiado, incomodado por ter tido seu comportamento descoberto e exposto aos demais presentes.

**Técnica da Exclamação Gestual**

Outra técnica de sugestionamento de linguagem gestual é a movimentação sistemática de mãos. Essa modalidade, pode se desdobrar em inúmeras possibilidades que o presente trabalho limita em três técnicas distintas que podem ser empregadas em conjunto conforme exemplos:

A primeira das técnicas serve para pontuar e destacar um determinado momento, de suma importância, ou, para chamar a atenção de uma assistência dispersa. Para explicar, é preciso contar uma breve história:

Conforme já abordado, o corpo fala, e instintivamente, todos praticamos a linguagem corporal, mesmo sem consciência do fato. Especificamente no que tange à técnica em tela, é natural do homem expressar perigo iminente levantando as mãos acima da cabeça, como forma de avisar quem está longe para tomar cuidado. É uma espécie de sinal de alerta.

A prática desta movimentação é natural também em momentos de comemoração individual ou coletiva, como exemplo, o grito de gol da torcida em um estádio, que é naturalmente seguido da projeção dos braços acima da cabeça.

Ainda é possível verificar o mesmo comportamento em movimento coletivo de protesto, em passeatas por exemplo, onde é comum ver as pessoas presentes levantarem os braços, projetando as mãos acima da cabeça simultaneamente aos gritos de protesto, como forma de extravasar os sentimentos de revolta e descontentamento.

Nessa lógica, é possível usar esta mesma prática, como ferramenta de persuasão durante o discurso. O levantar das mãos acima da cabeça pode provocar diversas reações favoráveis ao objetivo do orador conforme exemplos a seguir:

Na hipótese de um princípio de dispersão da atenção da plateia, ao empregar a referida técnica, o orador transmite a mensagem subliminar de "alerta", sem a necessidade de mudar o tom ou o teor do discurso. A assistência se volta automaticamente ao orador, por entender em seu subconsciente, que o teor naquele momento é ainda mais importante, e merece atenção.

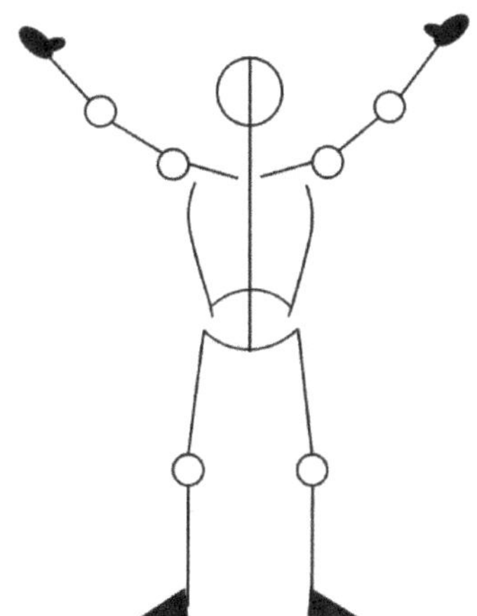

A técnica deve ser empregada com discrição, e tampouco, pode se tornar rotina no discurso. Em analogia com o texto escrito, é como pressionar a tecla [CapsLock] do teclado, ou seja, nos instantes que seguem o levantar dos braços, é como se todas as informações estivessem escritas em letra maiúscula, com a proposital intenção de demonstrar a grande importância do referido teor. É exatamente esse tipo de estímulo que traz a atenção da audiência de volta.

Outra aplicação desta técnica está para elevar a moral da plateia, e, provocar o ímpeto em extravasar sentimentos contidos, nos moldes de uma torcida, ou de um protesto. Em momentos de ápice do discurso, ou encerramento de um ciclo, esta movimentação de braços combinada com o teor falado pode inflamar toda a assistência, e por consequência natural, o orador é ovacionado.

Diga-se de passagem, a aclamação e os aplausos, são mais que sinais de reconhecimento, são a manifestação da sedimentação do "rapport", ou seja, é a prova máxima da conquista da empatia e da confiança da plateia.

**Técnica da Veracidade Gestual**

Essa técnica consiste na movimentação de mãos na altura do tórax, com as mãos abertas, para frente e para trás, ora juntas, ora alternadas, com o objetivo de reforçar a veracidade do argumento, através da sugestão subjetiva de que as palavras projetadas pela voz do orador são oriundas da mesma região que a movimentação das mãos, ou seja, do coração.

É importante destacar que esta técnica pode ser empregada para reforçar qualquer argumento, entretanto, da mesma forma que a técnica anterior, esta, deve ser empregada com parcimônia, ou seja, o uso indiscriminado ocasiona na inépcia da aplicação. Todas as técnicas apresentadas no presente trabalho, devem ser usadas em conjunto, e empregadas em momentos chave do discurso, daí a necessidade de preparação prévia, planejamento estratégico, e, treinamento constante por parte do orador.

Em que pese a eficácia das técnicas de comunicação gestual, por si só, não fazem o trabalho de persuasão, se não, inseridas em um contexto onde se fazem presentes o raciocínio lógico, a gramática escorreita, a vocalização ideal, a postura correta, as expressões faciais, e demais fatores indissociáveis para os fins de uma oratória perfeita. Dadas as considerações, passamos ao exemplo:

Na hipótese da apresentação de um argumento inovador, é natural o surgimento de um sentimento de desconfiança por parte da assistência. Todas as vezes que o orador lança mãos de informações com o objetivo de desconstruir paradigmas, ou seja, informações que vão de encontro a um determinado conceito já sedimentado, a resistência na aceitação, seguida da sensação de descrença é despertada quase que automaticamente. É diante dessa natureza de informação que a ferramenta em tela é mais indicada.

Durante o discorrer da argumentação, o orador deve levar as mãos à altura do tórax. O ponto de referência mental é o encontro dos pulsos com os mamilos. As mãos devem se movimentar abertas na maior parte do tempo, enquanto os braços permanecem relaxados próximos ao tronco.

Em momentos aleatórios a amplitude dos movimentos deve ser acentuada, e as mãos e braços devem se abrir, de forma a expor o tórax. Insta salientar que é preciso estar em uma postura adequada, ou seja, os ombros devem estar rotacionados para a retaguarda, de forma a projetar o tórax para frente.

Por conseguinte, a gesticulação com as mãos abertas continua, e, naturalmente, os braços devem voltar à posição original, relaxados próximos ao tronco. A abertura dos braços seguida da exposição do tórax transmite uma mensagem subliminar de confiança, que, combinada com a mensagem subliminar de autoridade e superioridade transmitida pela postura adequada, potencializa o *"rapport"*.

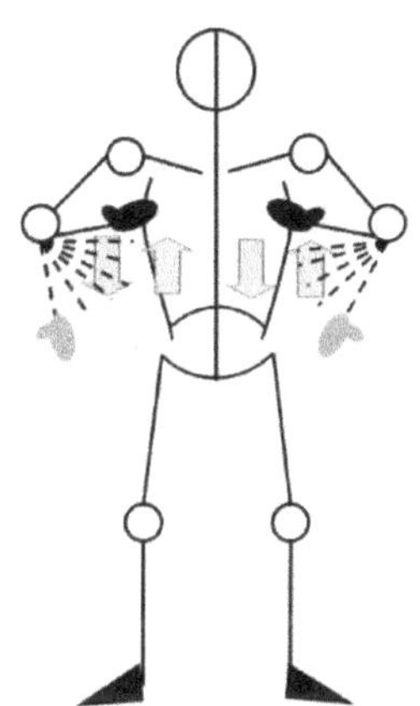

A movimentação das mãos com as palmas expostas devem obedecer a alguns parâmetros. Primeiramente, as costas das mãos jamais devem ser voltadas para cima, pois transmitem uma mensagem de repulsa, nessa lógica, durante a movimentação para frente, as palmas das mãos devem se voltar para cima, transmitindo assim, uma mensagem de doação, de entrega, e ao retornarem para próximo do tórax, as palmas devem estar voltadas para o peito, de forma a indicar de onde provém a referida doação. Em síntese, é como um jogo de mímica, onde o orador gesticula como se estivesse tirando algo de dentro do peito e doando para a plateia. Este conjunto de gestos é extremamente poderoso e capaz de deixar todos os indivíduos presentes na assistência ainda mais suscetíveis à argumentação, e como consequência lógica, a figura do orador ganha mais credibilidade.

**Técnica do Gestual Cartesiano**

Essa técnica consiste em despertar o raciocínio lógico da assistência através da aplicação conjunta de linguagem gestual com a linguagem falada, com a finalidade de transmitir informações de cunho técnico com maior eficácia, sem que o discurso se torne pesado, cansativo ou enfadonho.

Essa comunicação gestual baseia-se em posicionar as mãos abertas na altura do abdômen, com as palmas voltadas para baixo e com os braços relaxados em contato com o tronco. O ponto de referência mental é o contato com as unhas dos polegares com o abdômen na altura do umbigo. O orador deve executar movimentos de rotação com as mãos e antebraços que comecem no ponto de contado do polegar com o abdômen e terminem nas laterais do corpo, ou seja, a rotação acontece de dentro para fora, como no filme Karatê Kid, quando o Mestre Miyagi ensina o Daniel San a polir o carro.

Acontece que os olhos captam muito mais do que está em foco, capta também imagens fora da mácula, na periferia da retina. Essa é a visão denominada periférica ou tangencial. Essa ferramenta da natureza é de extrema importância para o deslocamento, uma vez que, o ser humano foca no percurso, mas é capaz de perceber objetos e movimentos à sua volta, e dessa forma, interpretar o ambiente para desviar de obstáculos, evitar buracos, galhos, enfim, o cérebro humano realiza de maneira natural uma leitura das informações oriundas da visão periférica.

É exatamente essa ferramenta da visão o cerne da comunicação gestual, uma vez que, a audiência tem como alvo, ou, foco visual o semblante do orador, e a visão periférica capta todas as demais movimentações realizadas, e as informações captadas são processadas e interpretadas pelo cérebro. Nesse momento, o leitor já é capaz de compreender como acontece o fenômeno da sugestão através dos gestos.

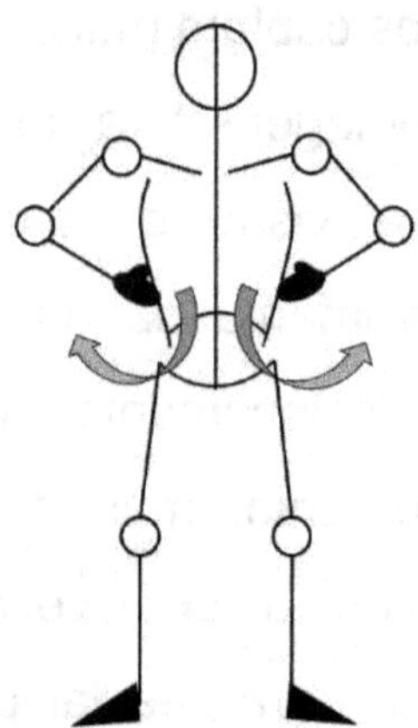

Para os fins de exemplo, nesta última ferramenta de comunicação gestual, ao realizar movimentos circulares de dentro para fora com as mãos na altura do abdômen, com as palmas voltadas para baixo, o orador transmite a ideia de planificação.

O movimento das mãos é captado pela visão periférica e processado pelo cérebro, que por sua vez, compreende o código de planificação e, dessa forma, se adequa para receber, processar e interpretar todas as informações de forma planificada, cartesiana, e nesse sentido, é estimulado o raciocínio lógico da plateia, necessário à compreensão plena de temas de teor técnico, matemático, e, científico.

## COMUNICAÇÃO COMPORTAMENTAL

O comportamento do orador deve estar em perfeito diapasão com a temática a ser abordada, com a assistência, ou ainda, com o estilo adotado. Em termos gerais, o orador deve sempre usar seu carisma, ademais, o carisma é a base do *"rapport"* e da credibilidade, e de fato é a mais poderosa das ferramentas de comunicação comportamental, todavia, existe uma perigosa armadilha a ser evitada, que é confundir carisma com humor, no sentido de sátira, haja vista, que, determinados assuntos e públicos não combinam com essa característica, e interiorizar essa característica como base comportamental, pode comprometer a neutralidade necessária ao orador.

Dadas as considerações sobre o carisma, o presente trabalho vem abordar três ferramentas de comunicação comportamental tratadas aqui como "atitudes". Somadas ao carisma, as atitudes possuem duas finalidades principais, quais são, potencializar a transmissão da informação falada e provocar reações na assistência através de estímulos emocionais. Insta salientar que as duas finalidades fecham um ciclo virtuoso, uma vez, que, a atitude, ao potencializar a linguagem falada, aumenta o volume de informações assimiladas ao mesmo tempo, que reações provocadas através de estímulos emocionais, sedimentam o conhecimento adquirido. De tantas atitudes possíveis de serem empregadas na oratória, as três ferramentas de comunicação comportamental destacadas no presente estudo são, a Positividade e a Agressividade conforme segue:

## ATITUDE POSITIVA

O termo Positividade vem de outra terminologia, o Pensamento Positivo. A ideia é exatamente que o orador se revista de um comportamento positivo, elevado, esfuziante, um comportamento de alegria, porém, sem exageros, sempre dosado pelo bom senso, com a finalidade de sugestionar a assistência em direção ao pensamento positivo.

Esse tipo de sugestionamento é ideal para transmitir mensagens de motivação. Evidente que nem todo conteúdo tem viés motivacional e a própria motivação não pode ser limitada para esse tipo de palestra. Na verdade, a motivação é muito mais ampla que isso. Nesse momento, insta salientar que quando se trata de oratória é preciso pensar de forma ampla no que tange a suas aplicabilidades, haja vista, que, todos usamos nossa capacidade de oratória em diversos momentos da vida, seja profissional, para encantar clientes, alunos, parceiros comerciais, sócios, superiores hierárquicos, equipe de colaboradores, estagiários, bem como, na esfera pessoal, para encantar homens e mulheres, vizinhos, atendentes, pais, filhos, professores, enfim, no convívio social em geral. Dadas as considerações, voltemos ao comportamento positivo, ou, motivacional.

As aplicações do comportamento positivo para promover ou provocar a motivação são inúmeras no discurso prático, como por exemplo, é imprescindível ao vendedor, que o cliente se sinta motivado a comprar, todavia, mesmo diante de um cliente que já chegou disposto a adquirir determinado produto, diante de variações de preço e qualidade, este pode se desmotivar da compra e partir em busca do produto em outro lugar, e, é exatamente diante desse tipo de situação que o vendedor deve se revestir de todas as ferramentas de oratória, neste caso, do comportamento positivo, aliado a bons argumentos, para convencer através da motivação, que, aquele é o momento certo para adquirir o referido produto, e, por conseguinte, efetivar a venda.

Na esfera da aplicação coletiva, o comportamento positivo é capaz de provocar motivação em toda uma assistência, aliado a um argumento no mesmo sentido. A mensagem a ser transmitida deve ter como objetivo elevar a moral da plateia, e, aliada das demais ferramentas de oratória, sob o contexto comportamental positivo do orador, esta mensagem pode despertar um verdadeiro alvoroço positivo na audiência, que, por si só, é contagiante, e, nessa lógica, mesmo os mais céticos e apáticos, são passíveis de serem motivados.

Para potencializar os efeitos do comportamento positivo seguem algumas ferramentas de aplicação prática:

Durante a oratória, além das ferramentas de comunicação gestual e postura, existem outras ferramentas de viés gestual capazes de potencializar a comunicação comportamental. Especificamente no que diz respeito ao comportamento positivo, é preciso observar alguns gestos potencializadores.

**Técnica do Abraço**

Dentre tantas as ferramentas potencializadoras destaca-se a ferramenta do abraço. Essa ferramenta consiste em abrir os braços e mãos como se estivesse pedindo um abraço à assistência. Importante destacar que os braços devem ser levemente flexionados entre ombro, braço e antebraço, formando um desenho que lembra a letra "W", as mãos não devem ultrapassar a altura dos ombros, para não transmitir a mensagem errada, uma vez, que, ao levantar as mãos em demasia, a plateia pode interpretar outro gesto já abordado nesse estudo, na Técnica de Exclamação Gestual.

É importante que as mãos se movimentem para maximizar o emprego da ferramenta, e, nesse sentido, mãos e braços devem trabalhar em conjunto na realização de um movimento onde os braços preservam a posição em forma de "W" e as mão recuam e avançam, num movimento discreto e fluído onde, no recuo as mãos se movem como se estivessem chamando a plateia para um abraço, recolhendo os dedos e mantendo o polegar para o alto, e no avanço, as mãos se movem como se estivessem revelando um segredo escondido na palma da mão, ou, jogando algo para a plateia, estendendo os dedos e abrindo as mãos novamente, sempre preservando os polegares para cima.

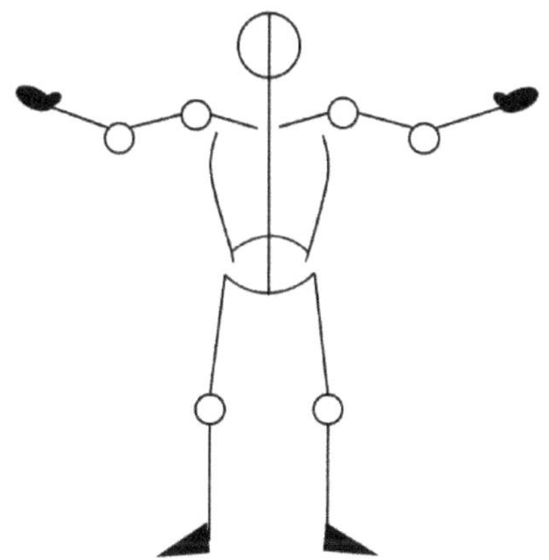

Como funciona?

O convidar para um abraço é muito mais que um mero convite ao contato físico, é uma autorização subjetiva para adentrar na proxêmica íntima do orador, que por si só transmite a ideia de confiança plena. Além disso, ao expor o tórax para a assistência, o orador transmite da mesma forma uma mensagem de confiança plena, e, uma mensagem potencializa o efeito da outra.

Essas duas mensagens subliminares aliadas a argumentação, bem como a vocalização, postura e fisionomia provocam um efeito de empatia generalizada na audiência, que é sugestionada a retribuir o abraço virtual, ou seja, a confiar plenamente naquele que demonstrou confiança plena primeiramente. Por conseguinte, a assistência é também sugestionada ao comportamento de espelhamento, e assim, como consequência lógica, passa a adotar o mesmo comportamento positivo, esfuziante, alegre e elevado, do orador.

## ATITUDE AGRESSIVA

Outra atitude imprescindível de ser dominada pelo orador, além de altamente eficaz, é a “atitude agressiva”, ou “imperativa”. Insta salientar que agressividade não está para necessariamente descrever um comportamento negativo. É importante compreender que agressividade não se trata de ferir ou ofender, agressividade é um comportamento precioso, necessário ao desenvolvimento humano, indissociável do ser, e deve ser sim trabalhado e empregado de maneira consciente como ferramenta técnica.

É fácil verificar o emprego deste tipo de atitude como técnica de persuasão ao vislumbrar os discursos motivadores dos técnicos de times esportivos no vestiário antes de uma partida, ou ainda, em discursos de comandantes militares, que lançam mãos desta ferramenta comportamental no mesmo intuito de motivar suas tropas antes de um combate, e, é exatamente nesse sentido que o orador deve parametrizar seu comportamento, ou seja, deve se revestir de uma figura de liderança, de autoridade no assunto e grande comandante, imbuído na mesma missão a ser transmitida no teor do discurso.

É preciso ser agressivo nas relações sociais para impor respeito e preservar o espaço íntimo, é preciso ser agressivo nas relações profissionais para conquistar cargos, vencer a concorrência, conseguir um contrato importante, se destacar. É comum ouvir pessoas dizendo que é preciso sublimar os sentimentos e comportamentos agressivos, da mesma forma que, diametralmente oposto, é comum ouvir pessoas sendo elogiadas exatamente pelas mesmas atitudes, tais como:

"O CEO da empresa 'X' é deveras fantástico, uma verdadeira fera nos negócios, um negociador altamente agressivo."; "O Pastor da congregação 'Y' demonstra grande conhecimento e autoridade, seu discurso é agressivo e emocionante."; "Os investidores mais agressivos são os que se destacam no mercado de ações."; "Grupos nacionais adotam estratégias mais agressivas e logram êxito no mercado externo.".

Dadas as considerações, o comportamento agressivo do orador está para transmitir a ideia de competitividade e desempenho, e nessa lógica, está para provocar um comportamento competitivo, para despertar a ira. Insta salientar, que, da mesma forma que o termo agressivo é por vezes interpretado de maneira errônea, o termo 'ira', também sofre deste preconceito. A ira, característica natural do ser humano, é a energia que alimenta a agressividade necessária ao desenvolvimento. A ira nasce do sentimento de inconformismo, também natural do ser humano e responsável por nossa evolução diante dos demais animais. Ou seja, o inconformismo, a ira e a agressividade, nos tirou da condição de animal natural e irracional, e nos trouxe até nossa atual condição de animais racionais em constante evolução.

Diante desse conhecimento, o orador deve trabalhar seu argumento e sua comunicação comportamental no sentido de despertar, ou aguçar estas características em sua plateia. Esse tipo de oratória é altamente eficaz, e ideal para discursos de viés motivacional com uma abordagem de superação de limites, perseverança diante de dificuldades, busca da vitória, e associado às técnicas anteriormente abordadas, pode inflamar e arrastar multidões.

Diversas são as técnicas abordadas neste espectro, das quais o presente trabalho destaca as duas mais eficazes e recorrentes nos discursos dos grandes conferencistas, e que certamente poderão ser identificadas facilmente pelo leitor após o estudo que segue, a Técnica da Ordem Imperativa, e, a Técnica do Punho Cerrado.

**Técnica da Ordem Imperativa**

Esta técnica consiste em despertar o sentimento de competitividade na assistência. Associada a um argumento com linguagem imperativa, ou seja, aquele tipo de linguagem amplamente empregada em slogans no mundo do marketing, tais como, "Beba Coca-Cola"; "Compre Batom"; "Ligue já"; "Não perca"; "Aproveite"; enfim, um discurso construído de forma a transmitir a ideia de comandos a serem executados, missões a serem cumpridas, ordens de engajamento, que, em conjunto com o gestual correto, é altamente inflamável.

No que diz respeito ao gestual, durante o discurso, o orador deve sempre enfatizar os pontos altos com uma pequena pausa entre as palavras de uma determinada frase de efeito, acompanhada de um apontar aleatório de dedo indicador enriste de uma das mãos em direção ao alto, com o antebraço projetado em direção da plateia, formando um ângulo de aproximadamente 45 graus entre o antebraço e o tórax.

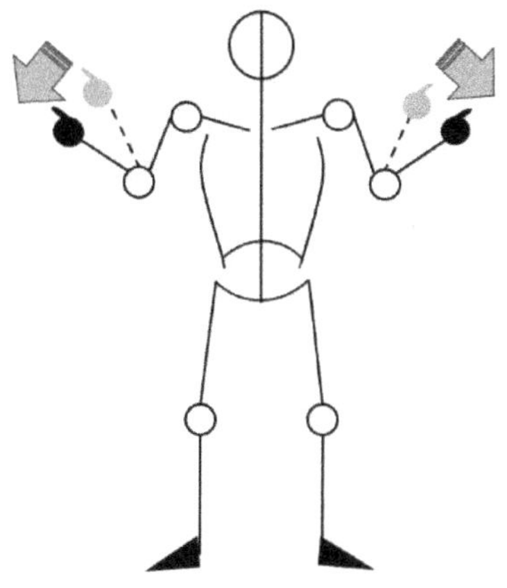

Por conseguinte, as sílabas tônicas devem receber uma ênfase exacerbada na vocalização, e, o ato de apontar deve seguir a mesma cadência das sílabas tônicas das palavras da respectiva frase de efeito. Insta salientar, que, nem sempre as sílabas destacadas serão necessariamente as tônicas, e sim, as que o orador julgar serem essenciais para imprimir um determinado sentido imperativo. Para melhor visualização, a seguir serão apresentados exemplos com determinadas sílabas em destaque grafadas em letra maiúscula, as quais devem ser vocalizadas com maior ênfase, como no exemplo que segue:

"SEjam FORtes E coraJOsos!"

No exemplo em tela, as mãos devem bater no ar como se fossem martelos, e o movimento deve ser interrompido bruscamente no momento da vocalização da sílaba. Outros exemplos:

"O suCEsso da emPREsa dePENde de voCÊS!"

"GAnhem o resPEIto de SUa plaTEIA!"

"EnTREguem SEMpre o meLHOR de SI!"

"SEjam exceLENtes e VENdam a si MESmos!"

"FAça aconteCER ou aconTEce com voCÊ!"

Para fins de exercício, é importante treinar a movimentação nas frases acima, e, para cada sílaba em destaque o orador deve executar o ato de apontar conforme descrito. É exatamente esse conjunto de ações bem coordenadas que provocam o despertar de duas reações na plateia, a competitividade e a ira, imprescindíveis tanto para aumentar a assimilação do teor do discurso, como para provocar uma mudança comportamental necessária para garantir os resultados pretendidos.

É natural que os indivíduos inseridos em um contexto coletivo sejam contagiados pelo comportamento da massa, e, na mesma lógica, um indivíduo se sente mais seguro em extravasar determinados comportamentos efusivos diante deste contexto. É nesse sentido que uma variação da técnica da Ordem Imperativa surge para potencializar o processo, é a técnica do Punho Cerrado.

**Técnica do Punho Cerrado**

Importante destacar, que, na aplicação da primeira ferramenta, a ordem imperativa é sempre verbalizada em segunda pessoa, tanto do singular, quanto do plural, conforme os exemplos: "FAça aconteCER ou aconTEce com voCÊ!"; e, "SEjam FORtes E coraJOsos!".

Todavia, a segunda ferramenta, do Punho Cerrado, não tem o viés de ordenar, a intenção é despertar um espírito de corpo, de coletividade, de cooperação, e para tanto, o discurso associado deve ser em primeira pessoa do plural conforme exemplo que segue:

"Juntos somos mais fortes!"

No que diz respeito ao gestual, na frase em tela o orador deve manter a posição dos braços em relação ao corpo, ou seja, os cotovelos apontados para baixo com os braços relaxados no mesmo sentido do tronco, com os antebraços flexionados e projetados em direção à plateia, de forma a elevar as mãos no máximo até a altura dos ombros.

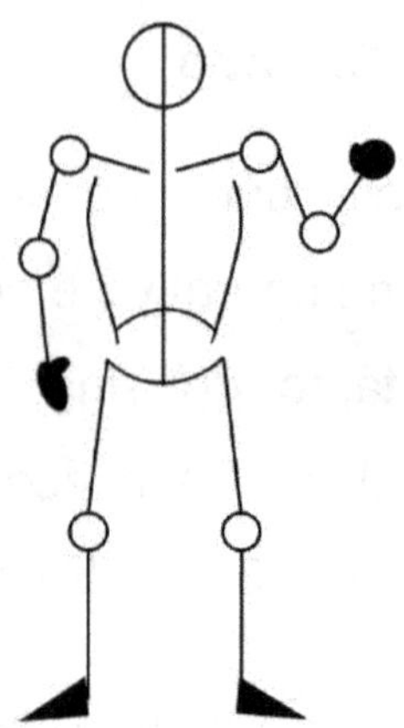

O emprego eficiente depende de uma vocalização forte associada do cerrar do punho e da vibração do antebraço, que provoca uma movimentação rápida, firme e discreta do punho para frente e para trás. A seguir, algumas frases para exercitar a técnica:

“O sucesso do amanhã depende de como agimos hoje!”

“Ninguém é mais forte do que todos nós juntos!”

“Somos muito mais eficientes quando trabalhamos em equipe!”

“Estamos unidos por um bem maior!”

Em que pese a diferença da construção das frases em relação as pessoas do verbo para cada ferramenta, existe um ponto comum que deve sempre estar presente em discursos dessa natureza, a linguagem afirmativa. Verifica-se a linguagem afirmativa em todos os exemplos acima, e, a importância de empregar esse tipo de linguagem é exatamente pelo fato de que ordens não podem ser revestidas de dúvidas.

É possível empregar as técnicas gestuais deste tópico diante de uma frase interrogativa, entretanto, a interrogação transmite a ideia de que quem está perguntando não tem certeza, ou necessita de confirmação, o que é diametralmente oposto à ideia de linguagem imperativa para fins de comando. Esta é uma ferramenta para outro momento do discurso a ser abordada neste estudo em tópico específico.

## TÉCNICAS DE REALIMENTAÇÃO DA COMUNICAÇÃO

O feedback, ou realimentação, é a coleta de dados de retorno, que informa ao orador se houve aprendizado. Da mesma forma que uma venda informa ao vendedor que ele efetivamente cumpriu seu trabalho de vender.

O feedback pode ser de dois tipos: Aberto ou Velado.

Aberto – é a modalidade de feedback onde o retorno é óbvio e direto. Obtido através de perguntas e de observação, durante o exercício da oratória. Serve para verificar se a assistência captou e o que não captou das informações transmitidas, e de que forma o apresentador se desempenhou. Esta modalidade pode ser enganosa, pois, o feedback aberto pode ser falso.

Velado – é a modalidade de feedback onde o orador coleta o retorno da plateia através da prática de observar a reação dos presentes aos estímulos do discurso.

O orador deve procurará obter ambos os tipos de feedback ao solicitar respostas e provocar reações durante a oratória.

O presente trabalho apresenta o resumo das técnicas e características dos quatro métodos, quais são, Perguntas Diretas do Orador; Contato Visual; Feedback por Exercícios; e, Perguntas da Assistência.

## DAS PERGUNTAS DIRETAS DO ORADOR

Além de informar sobre os efeitos da apresentação, perguntas diretas forçam a participação e estimulam o raciocínio. Elas devem variar também em grau de formalidade, ou seja, de "preparadas" a "espontâneas".

A pergunta espontânea, é mais útil na obtenção do feedback por dois motivos, quais são, podem ser feitas sob medida para aquele tópico de acordo com a necessidade; Podem ser feitas sob medida para o auditório.

Seja de que grau de formalidade for, o emprego da pergunta deve ser deliberado e adequado, ou seja, toda pergunta deve ter alguma razão intencionalmente planejada.

Quanto a respostas "erradas", o erro na resposta é relativo, diante do fato que, nem sempre a resposta está errada de fato, e sim, o ouvinte responde outra pergunta, a pergunta como ele a entendeu!

Pode-se classificar as perguntas em Ofensivas e Defensivas. O primeiro tipo é usado como ataque intelectual e como elemento de controle. O segundo tipo, embora permita controle, é usado quando o apresentador não quer seu envolvimento direto.

**PERGUNTAS OFENSIVAS**

Pergunta Tipo GRANADA – É direcionada a todos os presentes na plateia, com o objetivo de estimular o interesse.

Pergunta Tipo TIRO-AO-ALVO – É direcionada a um indivíduo específico, com ou sem aviso prévio, com dois objetivos, o primeiro, obter resposta a item específico, o segundo, despertar estado de alerta nos demais, que diante do tiro ao alvo ficam apreensivos sobre quem será o próximo.

**PERGUNTAS DEFENSIVAS**

Pergunta Tipo CULATRA – É a pergunta devolvida a quem a fez, com duplo objetivo, evitar perguntas que levem a exposição de crenças e entendimentos pessoais do orador, e, desencorajar os demais presentes na assistência a formular questões no mesmo sentido

Pergunta Tipo RICOCHETE: É um desdobramento da modalidade anterior, onde a pergunta é devolvida a outro participante. Neste caso, além dos objetivos da modalidade anterior, outros objetivos podem ser pretendidos, o de explorar potenciais e de envolver o grupo na discussão.

OBSERVAÇÕES:

Perguntas com respostas "sim" ou "não" devem ser evitadas.

Nunca usar perguntas capciosas.

Não usar perguntas que já contenham a resposta.

## DO CONTATO VISUAL

A técnica de feedback por contato visual consiste em olhar como se você estivesse falando a cada pessoa do auditório em particular. Esta prática desperta a atenção e o interesse, mesmo quando o orador não consegue ver todo auditório.

No emprego da técnica, o orador deliberadamente olha a face de cada pessoa e espera até obter certeza de resposta, num contexto onde, a resposta prova o contato. A avaliação do significado da resposta é altamente subjetiva. Mas o fato de haver resposta pelo menos garante que o indivíduo está sintonizado com o ambiente no momento.

Por esta razão não é bom que o apresentador se esconda atrás de púlpito, ou, mesa, embora eventualmente possa lançar mãos destes mobiliários. Todavia, ficar abrigado, transmite a mensagem subliminar de que o orador está se protegendo, e por conseguinte, está com medo, ou, no mínimo, inseguro.

Quanto ao escaneamento, o ideal é a que todos tenham a chance de serem olhados igualmente, e, nessa lógica, o orador pode e deve se deslocar de sua posição central e se aproximar mais do grupo, seja pelo centro ou pelos lados.

Certas práticas podem diminuir o contato visual com o grupo, e, portanto, devem ser evitadas conforme segue:

Concentrar a atenção sempre em determinada direção;

Olhar demais para pessoas bonitas;

Olhar mais para quem já conhecemos;

Olhar mais para quem não nos pode perturbar com perguntas;

Não olhar para quem sabemos discordar de nossa posição.

Mas, o que o orador deve procurar com o contato visual?

Qualquer resposta ao contato visual, quais são, algum movimento, às vezes quase que involuntário, tais como, pequenas variações nas expressões faciais, o início de piscar ou arregalar de olhos, o franzir da testa, enfim, o orador, conhecedor das técnicas de comunicação corporal, deve avaliar o comportamento da plateia através do mesmo prisma.

No caso de não obter a resposta pretendida, o orador pode provocar a reação empregando a técnica do espelhamento de forma invertida, ou seja, balançando a cabeça em sinal de aprovação, arregalando os olhos, sorrindo, enfim, provocando a imitação ou a repulsa.

## DO FEEDBACK POR EXERCÍCIO

Para envolver, ou, seduzir a assistência, principalmente diante de narrativas de alto grau de complexidade, com a finalidade de não permitir que o ambiente se torne enfadonho, o orador pode lançar mãos de exercícios de comunicação ativa, conforme exemplos a seguir:

1 - Questionários rápidos;

2 - Solicitar resumo feito com as próprias palavras do ouvinte;

3 - Usar, vez por outra, uma frase de ativação:

“Peguem lápis e papel” ... “Anotem aí!” ... “Vem comigo.”

## DAS PERGUNTAS DA ASSISTÊNCIA

É a modalidade mais pura do feedback, por ser de natureza espontânea e demonstrar o nível de assimilação da informação por parte daquele que pergunta.

Para avaliar o feedback inserido na pergunta, use a seguinte técnica:

1 - Determine a resposta certa. Procure fazê-la simples, colocando apenas elementos que já tenham sido expostos ou sejam do conhecimento do público.

2 - Analise por que foi feita a questão. Veja se ela está: Atrasada, Sintonizada ou Adiantada.

Se ATRASADA:

Pode significar que aquela pessoa, ou talvez, toda a assistência, não entendeu o ponto anterior. Use o contato visual e verifique se a dúvida é coletiva e procure mensurar a extensão da dúvida no resto do grupo. Então responda.

Se SINTONIZADA:

É o caso mais comum, e, a resposta deve ser rápida e inteligível.

Se ADIANTADA:

Quando possível, responda de maneira resumida, e, mesmo que os demais não compreendam bem, tolerarão se a resposta for curta, ou perceberem que você abordará o tema nas minúcias em tempo oportuno.

Insta salientar que, quando o orador não souber a resposta ou tiver qualquer dúvida, é inteligente e honesto informar ao público e se comprometer em obter a resposta e trazer oportunamente.

**TÉCNICAS DE PERGUNTAS E RESPOSTAS**

COMO PERGUNTAR

1 - Pergunte antes de designar alguém para responder. Caso isto não seja feito obteremos dois efeitos adversos:

a) Perturba o indivíduo, fazendo-o apreensivo com o que se espera dele;

b) Libera a todos os outros até da necessidade de ouvir a pergunta.

2 - Dê pausa suficiente para que todos pensem na resposta.

Sempre que for essencial, o orador pode obter participação do grupo com respostas, desde que não deixe um silêncio muito prolongado. A técnica deve ser usada com parcimônia.

3 - Chame nominalmente alguém para responder.

Dessa forma se satisfaz a necessidade básica do reconhecimento. Conforme a posição física do indivíduo no auditório, pode ser interessante repetir alto a resposta para todos.

4 - Procure fazer com que todos respondam. Se a resposta está errada, aceite-a provisoriamente.

Evite expressões negativas. Comente, então, todo o conjunto da resposta. Mostre pontos mais certos e aponte os menos certos.

5 – Dê ênfase a resposta certa e certifique-se de que ninguém ficou com dúvidas.

## TÉCNICAS DE AUTOPREPARAÇÃO

Nenhum orador pode estar tranquilo se não estiver seguro de si. Nessa lógica, a preparação é imprescindível, e insta salientar mais uma vez, as características do Batman, estudadas na linguagem corporal, especificamente no que tange à postura, das quais, se destaca a preparação para os fins deste tópico.

Para se tornar o Batman, Bruce Wayne fez muito mais que colocar uma roupa preta com capa e máscara, ele treinou incessantemente, e mais ainda, lutou contra si mesmo até vencer seus medos, a ponto de transformar seu maior trauma em sua maior arma.

Quando a segurança e a certeza reveste o orador, este não se preocupa com mais nada a não ser transmitir sua mensagem de maneira excelente e eficaz. O orador verdadeiramente preparado, consegue focar suas atenções e energias onde realmente é necessário, ou seja, passa a não mais olhar para si próprio e mira nos interesses e reações da plateia.

**Treinamento Convencional**

O treinamento convencional consiste nas práticas mais simples e mais eficazes empregadas desde sempre pelos maiores oradores do mundo, e, em que pese parecer óbvio, a busca por fórmulas mágicas apresentadas por diversos autores acaba por desconstruir boas práticas, ou coloca-las como ultrapassadas, quando na verdade, o que falta é uma organização das práticas clássicas de treinamento da oratória.

O presente estudo apresentou desde o início um modelo onde tudo se principia no plano do pensamento, passa pelo plano da escrita e culmina no plano da fala. Nessa lógica, depois de construído o argumento, é preciso treinar a transmissão falada deste teor, com a respectiva aplicação das técnicas apresentadas, que, quando devidamente associadas ao texto aumentarão o percentual de assimilação por parte da assistência pelos motivos já expostos neste estudo.

Dadas as considerações surge a pergunta. Quais são as técnicas de treinamento eficazes?

A primeira delas está no plano do pensamento, e é a clássica técnica do Palácio da Memória, a segunda está no plano da materialização, é o Teatro Simulado.

**O PALÁCIO DA MEMÓRIA**

O Palácio da Memória, é um método que foi inventado a milhares de anos pelos antigos gregos, e, é também conhecido como *"Método de Loci"*, plural de *'locus'*, ou seja, lugar em latim, e é uma técnica mnemônica que depende de relações espaciais memorizadas para estabelecer, ordenar e acessar um determinado conteúdo memorizado.

Nessa analogia, o Palácio da Memória se baseia em criar um lugar imaginário, que pode ser construído na mente inspirado num lugar familiar, como a própria casa da pessoa, ou criar um lugar imaginário totalmente fictício, ou ainda, na combinação de ambas as coisas.

É como um ícone de uma determinada pasta de arquivos na tela do computador, onde, o operador, não precisa saber todo o teor da pasta, mas, basta ver o ícone, que sua memória indica qual a função ou quais os conteúdos contidos na referida pasta, e dessa forma, ao clicar no ícone, a pasta se abre, e mostra outras subpastas e todo o seu conteúdo devidamente organizado.

## O PALÁCIO DA MEMÓRIA NA PRÁTICA EM 12 PASSOS

### Como construir o Palácio da Memória

**Passo 1** - Escolha um local que consiga visualizar facilmente para ser a planta do seu palácio. Conforme abordado, o Palácio da Memória precisa ser um local ou caminho bastante familiar, como a casa onde passou sua infância ou seu trajeto diário para o trabalho. Ele pode ser pequeno como um armário ou grande como um bairro inteiro. O importante é que você consiga visualizar o local na sua cabeça sem precisar vê-lo na vida real.

Outras opções de locais para palácios da memória são escolas, igrejas, espaços de trabalho, um local onde você passe as férias com frequência ou a casa de um amigo. Quanto maior ou mais detalhado for o local de verdade, mais informações você vai poder guardar no espaço mental correspondente.

**Passo 2** - Caminhe pelo Palácio da Memória para definir um trajeto e decida como vai passear pelo palácio na sua mente em vez de pensar apenas em um lugar fixo. Por exemplo, em vez de simplesmente pensar na sua casa, imagine como andaria por ela. Você vai entrar pela porta da frente? Como é o corredor por onde você passa? Em quais cômodos vai entrar?

Se precisar lembrar das coisas em uma ordem determinada, siga um trajeto específico no Palácio da Memória, tanto na realidade quanto na sua mente. Quanto antes começar a praticar o caminho melhor para memorizá-lo mais tarde.

**Passo 3** - Pense exatamente no que pretende colocar no Palácio da Memória e identifique locais específicos do palácio para guardar as informações. Você deve guardar cada informação em um local específico e separado, e por esse motivo precisa identificar locais suficientes para os dados que quer guardar. Cada local de armazenamento precisa ser exclusivo para que você não troque uma informação pela outra por acidente.

Se o palácio em si for um caminho, como por exemplo, seu trajeto até o trabalho, escolha pontos de referência ao longo dele. Alguns exemplos incluem a casa do seu vizinho, um comércio, um semáforo, uma escola, um monumento, um prédio ou uma praça.

Se o palácio for uma estrutura, separe as informações em cômodos diferentes. Em seguida, dentro de cada cômodo, identifique itens menores, como quadros, móveis e objetos de decoração.

**Passo 4** - Pratique a visualização do palácio e desenhe o local fisicamente, em forma de planta baixa. Pegue um pedaço de papel e faça um esboço do seu Palácio da Memória. Se o palácio for um caminho, desenhe um mapa. Marque os pontos de referência ou locais de armazenamento escolhidos, feche os olhos e procure visualizar mentalmente o palácio. Em seguida, cheque a imagem mental com o desenho para saber se você se lembrou de cada local e se os colocou na ordem correta.

Imagine os pontos de referência com o máximo de detalhes possível, o que deve incluir a cor, o tamanho, o cheiro e outras características que definem esses pontos. Se a imagem mental não corresponder ao desenho, revise o papel mais algumas vezes e depois execute a operação intelectual novamente. Repita até conseguir visualizar o local com exatidão.

Outra opção para praticar a visualização do palácio é descrever o local para outra pessoa em uma dinâmica onde você descreve o trajeto verbalmente enquanto a pessoa observa o mapa que você desenhou e faz a comparação.

**Como inserir as informações no Palácio da Memória**

**Passo 5** - Coloque as informações importantes em pequenos conjuntos ao longo do palácio. Ponha uma quantidade gerenciável de informações em cada local, sem exagerar na quantidade de dados em um lugar só. Caso contrário, tentar se lembrar de tudo vai ser demais para seu cérebro. Se algumas coisas precisarem ficar separadas de outras, coloque-as em locais bem diferentes.

Uma sugestão é colocar as coisas ao longo do trajeto, na ordem em que você precisa se lembrar.

Se o palácio for sua casa e precisar se lembrar de um discurso, coloque as primeiras frases no tapete de entrada e as seguintes no buraco da fechadura da porta de entrada, na sequência ao entrar pelo corredor, coloque outras frases no quadro, outras no relógio, no vaso, e assim por diante.

Um endereço importante na caixa de correio do lado de fora ou em um envelope sobre a mesa da cozinha. Um número de telefone importante no sofá onde costuma atender as ligações desse número.

Se seu discurso for sobre grandes empresários, revolucionários e bilionário para lembrar seus nomes, em seu escritório transforme o notebook em Bill Gates, a televisão em Larry Ellisson, o roteador de internet em Elon Musk, o vaso com cactos em Jeff Bezos e assim por diante.

**Passo 6** - Use imagens simples para representar frases e números complicados. Não é necessário colocar toda uma sequência de palavras ou números em um local para conseguir se lembrar dela. Em cada local, você só precisa guardar algo que ative sua memória e leve você para a ideia que está tentando lembrar, da mesma forma que o exemplo dos atalhos das pastas de arquivos do computador.

Não crie símbolos muito abstratos. Se eles não tiverem uma relação óbvia com o que você está memorizando, não vão servir para nada. Você não vai conseguir fazer a conexão entre o símbolo e a informação. Dessa forma, se for para lembrar de um fusca por exemplo, coloque uma joaninha no vaso de cactos usado no exemplo anterior para lembrar do Jeff Bezos. O próprio vaso de cacto, na verdade serviu de signo para que o cérebro pensasse na empresa do Jeff Bezos, a *Amazon*, e nesse caso, o único símbolo presente no escritório do palácio que levaria ao pensamento de uma selva em consequentemente ao nome Amazônia, era a planta no vaso.

**Passo 7** - Adicione pessoas, gatilhos emocionais ou imagens estranhas para se lembrar dos dados. As imagens que você colocar no palácio precisam ser as mais memoráveis possíveis. Geralmente, é mais fácil se lembrar de algo que foge do comum ou está ligado a uma emoção forte ou experiência pessoal marcante.

Uma dica é imaginar um acontecimento, uma cena real, e fazer a analogia mental, como por exemplo, imaginar uma pessoa da família colocando uma anotação presa no ímã da geladeira com informações que você queira lembrar, e ler essa anotação.

Outro exemplo clássico para fins de exercício usa o número 124, que não é tão difícil de lembrar se usar a lógica da multiplicação por 2, onde 1 X 2 = 2, e 2 X 2 = 4, entretanto, essa operação intelectual fica muito mais fácil da seguinte forma. Imagine a imagem de uma lança no formato do número 1 passando por um cisne, que se parece com um 2 e dividindo o cisne em 4 pedaços. Exatamente por ser uma imagem absurda e até perturbadora, é que faz com que ela fique na mente. E nessa lógica, não é regra usar apenas imagens positivas, ou seja, imagens ou emoções negativas, como um político que você odeia, ou uma experiência que traumatizou, também são eficazes.

**Passo 8** - Incorpore outros mnemônicos para se lembrar de sequências de informação maiores. Crie um mnemônico simples, e use as primeiras letras das palavras de uma frase ou invente uma rima que tenha as informações que você está tentando memorizar. Em seguida, coloque esses novos conjuntos de informação abreviada no Palácio da Memória, em vez da informação maior.

Por exemplo, digamos que precise se lembrar da ordem dos planetas do sistema solar (MVTMJSUN). Imagine seu tio com uma fantasia de extraterrestre para se lembrar do mnemônico "Meu Tio Me Julgou Ser Um Neurótico".

**Como empregar o Palácio da Memória**

**Passo 9** - Passe pelo menos 15 minutos explorando seu palácio todos os dias. Quanto mais andar por ele e passar tempo no local, mais facilmente vai se lembrar do que está lá quando precisar. A visualização precisa parecer natural e sem esforço. Procure fazer todo o trajeto algumas vezes ou separe um tempo por dia para visualizar o palácio do início ao fim.

Por exemplo, imagine Bill Gates andando pelo palácio abrindo janela por janela, sem que isso seja encarado como um comportamento estranho. Impossível esquecer que ele é o criador do *"Windows"*.

**Passo 10** - Para se lembrar das informações, ande pelo palácio ou olhe para ele. Depois de memorizar o conteúdo do local, faça o caminho ou visualize um cômodo para se lembrar dos dados. Com o treino, você vai poder começar em qualquer ponto do palácio ou do caminho para recordar uma informação específica.

**Passo 11** - Limpe o palácio da memória quando precisar atualizar as informações. Esse recurso pode ser reutilizado várias vezes. É só substituir o conteúdo existente por novas informações. Depois de um pouco de treino, você logo vai se esquecer dos dados antigos e se lembrar somente dos novos dados no lugar.

Por exemplo, se você guardou as primeiras frases de um discurso em um recado colado na porta da geladeira por alguém familiar, visite em sua mente a cozinha, e retire o recado, deixe apenas o ímã, e jogue fora, em um cesto de lixo, ou queime. Não acumule informações desnecessárias.

**Passo 12** - Construa novos palácios para tópicos e informações diferentes quando você tiver algo que quiser guardar na memória, e não quiser apagar do palácio atual, arquive o palácio antigo e comece um novo processo de construção em um lugar diferente.

Por exemplo, você pode usar sua casa para memorizar um discurso extremamente importante, depois, o caminho do trabalho para memorizar as matérias de uma determinada aula que você vai ministrar, pode usar a igreja ou templo que você frequenta para guardar dados de extrema importância, sagrados para você, e assim por diante. Não há limite para o número de palácios da memória que você pode construir e armazenar.

## O TEATRO SIMULADO

Outra ferramenta de preparação e treinamento para a oratória é o Teatro Simulado, depois de trabalhar a memorização do discurso através da construção do Palácio da Memória, o orador deve treinar a apresentação propriamente dita, unindo os dois planos, o plano do pensamento, ao visitar o palácio e acessar as partes do discurso, e o plano da materialização, ao verbalizar o discurso.

Insta salientar, que a verbalização das partes do discurso acessadas no palácio, criam um signo, além do signo visual no campo da mente, agora auditivo, que potencializa o acesso das informações contidas no interior do palácio. Verbalizar o discurso a partir das memórias guardadas promovem a sedimentação e melhoram o acesso, e dessa forma, a verbalização simplesmente acontece de maneira mais fluente.

A prática leva a um ciclo virtuoso, que culmina em uma série de consequências que potencializam a capacidade de transmissão de informação do orador. Nessa lógica, ao conseguir acessar e falar de forma fluente, fica ainda mais fácil ao orador, associar as técnicas de comunicação corporal, quais são, postural, gestual, comportamental, e demais desdobramentos destes.

Por sua vez, a cada técnica de comunicação adicionada no treinamento, são criados os respectivos signos, ou seja, novos atalhos de acesso às informações dentro do palácio. E nesse sentido, não só os signos mentais, bem como os signos sonoros, mas também gestuais, por exemplo, auxiliam no acesso às informações na memória. Mas como treinar de maneira eficiente?

O Teatro Simulado é o ato de treinar o discurso com todas as ferramentas disponíveis e possíveis de serem empregadas, como se estivesse apresentando o discurso em um teatro. Três locais são ideais para esse tipo de treinamento, os dois primeiros herméticos, e o último aberto.

**Dos Locais e Do Treinamento**

O local hermético pode ser qualquer local fechado onde o orador tenha total privacidade para treinar sem ser interrompido e tampouco sofrer influências que possam vir a influir em seu adestramento. No primeiro momento, é preciso que o orador visite seu palácio e vocalize suas memórias, sem se preocupar com quaisquer outros fatores, e nesse sentido, o primeiro local não deve ter espelhos, ou nada que reflita sua imagem.

Diante do fato de que a voz deve ser privilegiada e que o objetivo principal do exercício é exatamente que o orador ouça a própria voz, grandes conferencistas costumam fazer este exercício dentro do banheiro, haja vista a acústica deste tipo de ambiente privilegiar a reverberação, além de ser um ambiente hermético por sua natureza, mas, em que pese a dica em tela, o banheiro não é regra, e qualquer ambiente fechado serve para tal feito.

O segundo ambiente é também indicado para o aperfeiçoamento de outras técnicas. É bem verdade, que, a única coisa que difere o primeiro ambiente do segundo, é a presença do espelho. O espelho é imprescindível para trabalhar a postura, a gesticulação e as expressões faciais, e, só é indicado, depois do discurso verbalizado ter sido totalmente dominado pelo orador.

O terceiro local, deve ser análogo ao palco ou tablado onde será apresentado o discurso, haja vista, que depois de dominadas a verbalização e as técnicas associadas de linguagem corporal, o orador deve trabalhar as técnicas de movimentação para domínio do palco. É sugerido que o orador treine se possível, no próprio local da palestra, todavia, quando não existir esta possibilidade, é indicado ao menos conhecer as dimensões o lugar e treinar em local de dimensões análogas.

Praticar o discurso seguindo o roteiro do Teatro Simulado, é a certeza de uma apresentação irretocável.

## UM DISCURSO PARA TREINAR

Chegou o momento de colocar em prática todos os ensinamentos apresentados no presente estudo, e, para os fins de incentivo ao leitor, este autor escreveu um texto despretensioso, todavia, construído meticulosamente de acordo com cada proposta apresentada no trabalho em tela, ou seja, cada palavra, frase, oração, parágrafo, enfim, o discurso como um todo, foi idealizado para que o leitor aplique todas as técnicas presentes no Capítulo 4 deste compêndio.

O texto foi dividido em parágrafos curtos, para facilitar a inserção no Palácio da Memória. No que tange à entonação, por se tratar de um discurso de motivação, é possível empregar as técnicas em sua totalidade, em associação perfeita com as técnicas de linguagem corporal.

Pratique, e faça este belo discurso para sua família, seus amigos, grave e publique em suas redes sociais, e descubra que você também pode se tornar um "encantador de pessoas".

# ESPÍRITO DE COMBATE

Você sabe o que é Espírito de Combate?

Espírito de Combate é uma vontade indestrutível de vencer, que nasce nas profundezas da alma, aguça a mente, e, se materializa em ações capazes de levar qualquer pessoa ao topo do podium.

É uma moral inabalável comum a todos os guerreiros de alto rendimento, que desperta sentimentos e emoções capazes de provocar reações fisiológicas incríveis, tais como, o aumento monstruoso na produção de endorfinas, e como consequência lógica, a melhora no funcionamento do sistema nervoso central, do sistema imunológico, da memória... promovem a elevação da auto estima, bloqueiam lesões dos vasos sanguíneos, aumentam a resistência e disposição física e mental.

O Espírito de Combate é imprescindível àqueles que buscam a vitória, em qualquer área da vida, pessoal, acadêmica ou profissional. Para vencer, é preciso estar imbuído do mais puro e nobre Espírito de Combate!

O Espírito de Combate surge no plano do pensamento, se fortalece nas palavras, mas, só se sedimenta nas ações e evolui diante da perseverança, da constância, do preparo e do treinamento.

Os impregnados do Espírito de Combate são capazes de vencer qualquer desafio!

Um dos maiores homens que já viveu deixou uma grande lição nesse sentido... seu nome era Davi.

Davi não era de origem nobre, tampouco era considerado um filho privilegiado, ou sequer estava entre os prediletos de seu pai Jessé, haja vista, ser o sétimo filho de nove, e o mais jovem dentre os filhos homens.

Por ser considerado um filho de menor prestígio na família, a ele foi dada uma tarefa servil, destinada a filhos de menor importância ou a empregados do dono da casa, o trabalho de pastorear, ou, apascentar ovelhas.

Acontece que nos tempos bíblicos muitos eram os perigos para o rebanho, uma vez, que, o desfiladeiro do Rio Jordão era ladeado por florestas, onde habitavam leões e ursos.

Aconteceu que Davi, durante sua carreira como pastor de ovelhas, precisou defender a vida de seu rebanho por diversas vezes, e, por conhecer os desafios que poderiam surgir repentinamente, Davi mantinha junto de si, as ferramentas adequadas, o cajado, a funda e o alforje, com as quais ele defendeu suas ovelhas de diversas ameaças e inimigos, ocasiões das quais se destacam duas em especial... em uma Davi derrotou um leão, em outra derrotou um urso!!!

Mas para derrotar um Leão e um Urso, Davi não lançou mãos apenas de suas ferramentas arcaicas, Davi se preparou, treinou o lançamento de pedras com a funda e os golpes de seu cajado, e mais... Davi sabia da importância de cada um dos animais de seu rebanho, e portanto, estava comprometido com sua missão, e dessa forma, estava completo o ciclo do Espírito de Combate que alimenta a moral dos verdadeiros guerreiros.

Ora, se sorte é estar pronto quando a oportunidade surge, então Davi estava com muita sorte, pois, eis que existiu um exército poderoso de uma nação de conquistadores, os Filisteus, que contavam com a presença de um guerreiro monstruoso, de compleição física impressionante até mesmo para os tempos de hoje, seu nome era Golias de Gate, o campeão, sua altura era de 2 metros e 92 centímetros, só sua cota de malha pesava 57 quilos.

Aconteceu que os filisteus desafiaram Israel a designar um de seus soldados para um combate homem a homem contra seu campeão, sob pena de sucumbir à escravidão todo o povo da nação derrotada no combate, deveras um desafio imensurável!

E, eis que Davi, enviado por seu pai para o exército de Israel, ouve o desafio do gigante e se apresenta para o combate, e, o Rei Saul o envia revestido de sua armadura real, todavia, Davi percebe que a armadura na verdade estava atrapalhando seus movimentos, e após descarta-la, pega seu cajado e escolhe 5 pedras lisas no riacho, e então, imbuído de seu mais puro e nobre Espírito de Combate, certo da eficácia de suas técnicas e ferramentas, Davi vence Golias com um lançamento perfeito com sua funda, que atinge em cheio entre os olhos do gigante, que caiu com a face por terra.

Então, Davi pega a espada do próprio Golias e o entrega definitivamente a morte, arrancando sua cabeça.

E você... tem Espírito de Combate?

Já se preparou ou está se preparando para os desafios que tem que enfrentar?

Sabe mensurar o tamanho do desafio que tem pela frente?

Está comprometido com sua missão?

Conhece as ferramentas necessárias para vencer?

Desenvolveu as habilidades para operar suas ferramentas?

Caso a resposta para qualquer uma destas perguntas for 'não', então corra! Não perca tempo, pois, o gigantesco desafio que pode mudar sua vida, pode estar mais perto do que imagina.

Davi estava pronto, completo em todos os sentidos, pleno, e quando lutou, se fez maior que o gigante, e sua jornada o levou ao trono e à coroa. Davi o filho menos importante, o humilde pastor de ovelhas se tornou o Rei de Israel.

**Uma Análise Profunda dos Estratagemas Dialéticos de Schopenhauer na "Arte de Ter Razão".**

**Resumo:**

O presente artigo propõe uma investigação exaustiva acerca dos estratagemas dialéticos concebidos por Arthur Schopenhauer em sua obra magistral "A Arte de Ter Razão", também conhecida como "A Dialética Erística". Cada um dos 38 estratagemas delineados por Schopenhauer é meticulosamente examinado, revelando técnicas argumentativas destinadas a conferir vantagem a um indivíduo em debates, independentemente da validade intrínseca de sua posição. Este estudo visa não apenas catalogar essas estratégias, mas também contextualizar seu impacto no cenário dialético contemporâneo.

**1. Introdução:**

A dialética, enquanto arte de argumentar, desempenha um papel vital no tecido intelectual humano. Schopenhauer, erigindo-se como mestre dessa disciplina, apresenta uma coleção de estratagemas engenhosos destinados a conferir ao praticante uma vantagem competitiva, indo além da mera veracidade dos argumentos.

## 2. Das Estratégias e seus Referenciais

### 2.1. Definição Semântica:

A estratégia inaugural abordada neste escopo consiste na alteração sutil, porém perspicaz, do significado de termos ao longo da discussão, uma artimanha semântica engenhosamente delineada para desconcertar o oponente e minar a coerência de seu discurso.

### 2.2. Mudança de Significado:

Schopenhauer, de maneira astuta, propõe a reinterpretação de argumentos alheios, conferindo-lhes um matiz que não apenas facilita sua refutação, mas também destila uma nuvem de ambiguidade sobre a lógica adversária.

### 2.3. Generalização Arbitrária:

A ampliação arbitrária de premissas, concebida para fragilizar a posição opositora, é analisada como uma estratégia de ataque que emprega generalizações imprecisas para comprometer a solidez do argumento adversário.

**2.4. Exagero:**

O quinto estratagema aborda o recurso ao exagero, uma técnica destinada a conferir maior peso e gravidade a um argumento, elevando sua persuasividade mediante a amplificação artificial de suas dimensões.

**2.5. Redução ao Absurdo:**

A técnica de redução ao absurdo, explorada por Schopenhauer, conduz a argumentação oponente ao extremo, evidenciando as consequências extravagantes e paradoxais de uma determinada posição, visando assim descredenciá-la.

**2.6. Transformação do Discurso:**

A habilidade de redirecionar a discussão para um tópico mais propício aos interesses do orador é examinada como uma manobra eficaz na busca pela vantagem dialética, manipulando o terreno da argumentação.

**2.7. Ignorância Tática:**

A tática de alegar desconhecimento sobre um tema específico é abordada como uma estratégia astuciosa para evitar a contestação direta, erguendo uma cortina de obscuridade que protege o praticante de exposição argumentativa.

**2.8. Questão Complexa:**

A estratégia de apresentar perguntas complexas e confusas, engendrada para envolver o oponente em intricadas teias dialéticas, é analisada como uma artimanha destinada a confundir e desorientar.

**2.9. Inferência por Associação:**

Conectar o argumento opositor a elementos impopulares ou negativos, almejando assim desacreditá-lo, é dissecado como uma tática de influência e persuasão.

**2.10. Falsa Comparação:**

Schopenhauer, sagazmente, explora a falsa comparação como uma técnica perniciosa, distorcendo a validade do argumento opositor por meio de analogias inadequadas.

## 2.11. Desqualificação do Oponente:

A estratégia de atacar a credibilidade ou competência do oponente, em detrimento do confronto direto de argumentos, é desvelada como uma tática hábil de desviar o foco do discurso e minar a posição adversária.

## 2.12. Argumentação Circunstancial:

Schopenhauer, erigindo-se como mestre da dialética, alerta para a perniciosa armadilha da argumentação baseada em circunstâncias em detrimento da substância argumentativa, uma artimanha que desvia a discussão da validade intrínseca para considerações periféricas.

## 2.13. Argumento Ad Hominem:

A abordagem ad hominem, destacando-se como uma estratégia que visa atacar a integridade moral ou o caráter pessoal do opositor, é minuciosamente analisada como uma técnica de desacreditar a posição alheia sem enfrentar os méritos do argumento.

### 2.14. Estratagema da Exclusão:

A habilidade de ignorar partes do argumento opositor para enfraquecer sua posição é meticulosamente explorada, revelando-se como uma manobra que busca suprimir elementos inconvenientes, mas essenciais, da argumentação adversária.

### 2.15. Silogismo Post Hoc:

Schopenhauer, perspicaz como sempre, destaca o estratagema post hoc, que argumenta que a ocorrência sequencial de eventos implica causalidade, mesmo quando a relação é meramente temporal, sem fundamentos lógicos sólidos.

### 2.16. Estratagema da Confusão:

A criação deliberada de confusão no discurso, engendrada para desorientar o oponente e obscurecer a validade dos argumentos apresentados, é esmiuçada como uma técnica de manipulação da narrativa.

**2.17. Chamada para Ordem:**

A solicitação insistente de provas ou evidências desnecessárias, com o propósito de desacreditar a posição opositora, é examinada como uma artimanha destinada a sobrecarregar o oponente com exigências supérfluas.

**2.18. Estratagema da Prudência:**

A simulação de aceitação do argumento opositor, seguida da assertiva de que agir com base nesse argumento seria imprudente, é desvendada como uma estratégia sutil de invalidação.

**2.19. Colocar Palavras na Boca do Oponente:**

A atribuição indevida de uma posição não defendida pelo oponente é minuciosamente analisada, destacando-se como uma artimanha que visa facilitar a refutação ao distorcer a substância da argumentação adversária.

**2.20. Vínculo ao Ridículo:**

Associar o argumento opositor a algo ridículo, revela-se como uma tática de desacreditar mediante a conexão a elementos considerados absurdos ou irrisórios, desviando a atenção do mérito argumentativo.

**2.21. A Exceção Confirma a Regra:**

Schopenhauer, astuto em sua análise, desvenda a estratégia de argumentar que uma exceção valida a regra, mesmo quando a exceção é rara ou irrelevante, em uma tentativa de sustentar a validade de generalizações questionáveis.

**2.22. Ignorar a Pergunta:**

A evasão da resposta direta à pergunta do oponente, ou desvio sutil da mesma, é revelada como uma técnica destinada a evitar a confrontação com aspectos desafiadores da discussão.

**2.23. Negligência Simulada:**

A simulação de desconsideração pelo argumento opositor, em um ato calculado de menosprezo, é desvelada como uma estratégia de negação de méritos que busca diminuir a importância do discurso contrário.

### 2.24. Desconsideração:

Schopenhauer, meticuloso em suas análises, explora a artimanha de fazer parecer que o argumento opositor carece de mérito e não merece uma resposta substancial, uma estratégia de desqualificação sutil.

### 2.25. Não Responder ao Essencial:

A estratégia de responder a argumentos secundários, desviando-se do ponto central da discussão, é desvendada como uma artimanha que visa distrair a atenção do cerne do debate, minando a eficácia da argumentação opositora.

### 2.26. Adiar:

Schopenhauer, perspicaz como sempre, destaca a tática de adiar a discussão para um momento mais favorável ao orador, uma estratégia que busca criar condições propícias para a defesa de sua posição.

### 2.27. Autoelogio:

O destaque ostensivo das próprias qualidades, concebido para desacreditar o argumento opositor ao gerar uma aura de superioridade moral ou intelectual, é meticulosamente explorado como uma estratégia sutil de influência.

### 2.28. Hesitação Planejada:

A simulação de incerteza ou hesitação, uma estratégia que busca desencorajar oponentes ao transmitir indecisão, é minuciosamente analisada como uma tática psicológica de desvantagem adversária.

### 2.29. Enfatizar Ponto Sem Importância:

A ênfase deliberada em detalhes irrelevantes, projetada para desviar a atenção do ponto crucial da discussão, é desvendada como uma manobra que busca obscurecer o cerne da argumentação adversária.

### 2.30. Indução de Ira:

A provocação deliberada do oponente, visando incitar reações emocionais que tornem sua posição menos razoável aos olhos do público, é meticulosamente examinada como uma estratégia de manipulação emocional.

**2.31. Inversão de Papéis:**

A inversão habilidosa de papéis, na qual o orador age como se o oponente estivesse defendendo uma posição impopular, é desvendada como uma tática que busca criar percepções distorcidas acerca da argumentação contrária.

**2.32. Desrespeito:**

A adoção de uma postura rude ou desrespeitosa em relação ao oponente, como uma estratégia para desacreditar a posição alheia pela desqualificação pessoal, é minuciosamente analisada como uma artimanha que transcende o âmbito da argumentação lógica.

**2.33. Negligência na Resposta:**

A negligência calculada em relação a um argumento opositor, na esperança de que o público não perceba a evasão, é detalhadamente explorada como uma técnica de desconsideração estratégica.

**2.34. Confusão Estratégica:**

A criação deliberada de confusão na discussão, buscando obscurecer a validade dos argumentos apresentados, é esmiuçada como uma manobra sutil de manipulação do discurso.

**2.35. Controvérsia Artificial:**

A criação consciente de uma polêmica fictícia, destinada a desviar a atenção do verdadeiro tópico em debate, é meticulosamente analisada como uma estratégia de distração que obscurece a substância da argumentação adversária.

**2.36. Desgaste por Persistência:**

A persistência incansável na argumentação, mesmo quando a vitória é improvável, é desvendada como uma estratégia de desgaste psicológico que visa minar a resistência do oponente ao longo do tempo.

**2.37. Desgaste por Tédio:**

A transformação calculada da discussão em algo tedioso, como uma tática para desencorajar o oponente pela monotonia, é minuciosamente analisada como uma estratégia psicológica de desvantagem deliberada.

## 2.38. Mudança de Tópico:

A estratégia de Mudança de Tópico, conhecida como "Quodlibet" segundo Schopenhauer, é uma manobra retórica em que o orador desloca a discussão para um tópico que lhe seja mais conveniente ou familiar. Esta estratégia tem como objetivo principal direcionar a conversa para um território onde o orador se sinta mais confortável, possuindo maior conhecimento ou argumentos mais favoráveis à sua posição.

Essa tática pode ser empregada por diversos motivos, tais como a falta de segurança em relação ao tema original, a necessidade de ganhar tempo para formular uma resposta mais elaborada, ou mesmo a intenção de fugir de aspectos desafiadores do debate. Ao mudar para um tópico que lhe é mais familiar, o orador busca alterar o curso da discussão de maneira estratégica, muitas vezes desviando a atenção do ponto central e favorecendo sua posição.

Por exemplo, se um debatedor se encontra em uma posição desconfortável ao discutir sobre questões éticas, pode utilizar a estratégia de Mudança de Tópico para direcionar a conversa para um tema mais técnico ou factual, onde ele se sinta mais confiante em seus argumentos.

**3. Síntese das Estratégias:**

Definição Semântica: Alterar o significado de uma palavra durante a discussão para confundir o oponente.

Mudança de Significado: Dar uma nova interpretação a um argumento para torná-lo mais fácil de refutar.

Generalização Arbitrária: Fazer generalizações amplas e vagas para enfraquecer a posição do oponente.

Exagero: Aumentar a importância ou a severidade de um argumento para torná-lo mais convincente.

Redução ao Absurdo: Levar o argumento do oponente ao extremo para destacar suas consequências absurdas.

Transformação do Discurso: Mudar o foco da discussão para um tópico mais conveniente para o orador.

Ignorância Tática: Alegar desconhecimento de um assunto para evitar a argumentação.

Questão Complexa: Apresentar uma pergunta complexa ou confusa para confundir o oponente.

Inferência por Associação: Conectar o argumento do oponente a algo impopular ou negativo para desacreditá-lo.

Falsa Comparação: Fazer comparações inadequadas para distorcer a validade do argumento.

Desqualificação do Oponente: Atacar a credibilidade ou a competência do oponente em vez de enfrentar o argumento diretamente.

Argumentação Circunstancial: Argumentar com base nas circunstâncias, não na validade da posição.

Argumento Ad Hominem: Atacar o caráter do oponente, desviando a atenção do argumento.

Estratagema da Exclusão: Ignorar partes do argumento do oponente para enfraquecer sua posição.

Silogismo Post Hoc: Argumentar que, porque um evento ocorreu após outro, o primeiro evento é a causa do segundo.

Estratagema da Confusão: Criar confusão no discurso para desorientar o oponente.

Chamada para Ordem: Solicitar que o oponente forneça provas ou evidências desnecessárias para desacreditar sua posição.

Estratagema da Prudência: Agir como se aceitasse o argumento do oponente, mas afirmar que é imprudente agir com base nele.

Colocar Palavras na Boca do Oponente: Atribuir ao oponente uma posição que ele não defendeu para torná-la mais fácil de refutar.

Vínculo ao Ridículo: Associar o argumento do oponente a algo ridículo para desacreditá-lo.

A Exceção Confirma a Regra: Argumentar que uma exceção valida a regra, mesmo quando a exceção é rara ou irrelevante.

Ignorar a Pergunta: Evitar responder à pergunta do oponente ou desviar-se dela.

Negligência Simulada: Agir como se o argumento do oponente não merecesse consideração.

Desconsideração: Fazer parecer que o argumento do oponente não é digno de uma resposta substancial.

Não Responder ao Essencial: Responder a argumentos secundários, evitando o ponto central da discussão.

Adiar: Adiar a discussão até um momento mais favorável para o orador.

Autoelogio: Destacar as próprias qualidades para desacreditar o argumento do oponente.

Hesitação Planejada: Parecer incerto ou hesitante para desencorajar oponentes.

Enfatizar Ponto Sem Importância: Destacar um detalhe irrelevante para desviar a atenção do ponto principal.

Indução de Ira: Provocar o oponente para fazê-lo parecer menos razoável.

Inversão de Papéis: Agir como se o oponente estivesse defendendo uma posição impopular.

Desrespeito: Agir de maneira rude ou desrespeitosa para desacreditar o oponente.

Negligência na Resposta: Ignorar um argumento do oponente, esperando que o público não perceba.

Confusão Estratégica: Criar confusão na discussão para obscurecer a validade dos argumentos.

Controvérsia Artificial: Criar uma polêmica fictícia para distrair do verdadeiro tópico.

Desgaste por Persistência: Continuar argumentando mesmo quando a vitória é improvável.

Desgaste por Tédio: Tornar a discussão tediosa para desencorajar o oponente.

Mudança de Tópico (Quodlibet): Mudar para um tópico mais conveniente ou conhecido para o orador.

**4. Considerações Finais:**

Concluímos, assim, esta análise abrangente dos estratagemas dialéticos apresentados por Schopenhauer em "A Arte de Ter Razão". Cada uma dessas técnicas representa não apenas uma estratégia isolada, mas uma sinfonia de astúcias concebidas para conferir vantagem no cenário dialético. A compreensão dessas artimanhas não apenas capacita os oradores a reconhecê-las quando empregadas contra si, mas também promove um diálogo mais íntegro e substancial na arena das ideias.

## REFERÊNCIAS

ARP, Robert; BARBONE, Steven, and BRUCE, Michael. Bad Arguments: 100 of the Most Important Fallacies in Western Philosophy. Oxford, OX4 2DQ, UK. John Wiley & Sons Ltd, 2019.

DOWNES, Stephen. Guia das Falácias Lógicas do Stephen. Universidade de Alberta, Canadá. endereço: http://www.onegoodmove.org/fallacy/welcome.htm consultado em 21 de março de 2019.

FREITAS-MAGALHÃES, A. (2017). Facial Action Coding System 2.0: Manual de Codificação Científica da Face Humana. Porto. Editora Escrytos, 2017

https://pt.wikihow.com/Construir-um-Pal%C3%A1cio-da-Mem%C3%B3ria consultado em 19 de outubro de 2019.

HUFF, Darrell. Como Mentir com Estatística. São Paulo. Editora Intrínseca, 2019.

MEHRABIAN, Albert; WIENER, Morton. "Decoding of Inconsistent Communications". Journal of Personality and Social Psychology, 1967.

REIMAN, Tonya. Trad. Mirian Ibanez. A arte da persuasão. São Paulo. Editora Lua de papel, 2010.

SCHOPENHAUER, Arthur. 38 estratégias para vencer qualquer debate. São Paulo. Editora Faro, 2014.

SILVA, Paulo Nunes da. Manual de Introdução aos Estudos Linguísticos Lisboa: Universidade Aberta, 2010.

WALTON, Douglas. Lógica Informal. São Paulo. Editora Martins Fontes, 2012.

WEIL, Pierre; TOMPAKOW, Roland. O corpo fala: a linguagem silenciosa da comunicação não-verbal. Petropolis. Editora Vozes, 1973.

ZEHR, E. Paul. “Becoming Batman: The Possibility of a Superhero”. Johns Hopkins University Press, 2008.

www.ingramcontent.com/pod-product-compliance
Lightning Source LLC
LaVergne TN
LVHW012052160826
845678LV00014B/2794

* 9 7 8 6 5 0 0 0 5 3 8 8 3 *